KB211923

성령님은 하나님이시고
당신의 주인님이시다.
모든 일에 성령님께 물으라.
"성령님, 어떻게 할까요?"

성령님, 어떻게 할까요?

김열방 김사라
박경애 지음

날개미디어

[머리말]
성령님, 어떻게 할까요?

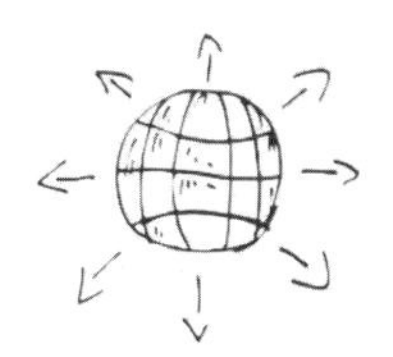

당신은 순간마다 성령님께 묻습니까?

나는 순간마다 성령님께 "어떻게 할까요?"라고 묻습니다.

"성령님 어떻게 할까요?"라고 물으며 도움을 구할 때 어떤 사람은 "내가 원하는 것을 이루고 싶은데 어떻게 할까요?"라고 묻고 또 어떤 사람은 "정말 무엇을 어떻게 해야 할지 몰라요. 하나님이 원하시는 뜻은 무엇인가요?"라고 묻기도 합니다. 둘 다 괜찮습니다.

어쨌든 성령님께 물으면 그분은 대답하십니다.

리브가는 문제가 생겼을 때 어떻게 해야 할지 몰라 물었습니다.

"이삭이 그의 아내가 임신하지 못하므로 그를 위하여 여호와께 간구하매 여호와께서 그의 간구를 들으셨으므로 그의 아내 리브가가 임신하였더니 그 아들들이 그의 태 속에서 서로 싸우는지라. 그가 이르되 '이럴 경우에는 내가 어찌할꼬?' 하고 가서 여호와께 묻자온대 여호와께서 그에게 이르시되 '두 국민이 네 태중에 있구나. 두 민족이 네 복중에서부터 나누이리라. 이 족속이 저 족속보다 강하겠고 큰 자가 어린 자를 섬기리라' 하셨더라."(창 25:21~23)

물으면 성령님은 대답하십니다. 묻지 않으면 가만히 계십니다.

다윗은 끊임없이 여호와의 영이신 성령님께 물었지만 사울은 묻지 않으므로 왕의 자리에서 버림받고 죽었습니다.

"사울이 죽은 것은 여호와께 범죄하였기 때문이라. 그가 여호와의 말씀을 지키지 아니하고 또 신접한 자에게 가르치기를 청하고 '여호와께 묻지 아니하였으므로 여호와께서 그를 죽이시고' 그 나라를 이새의 아들 다윗에게 넘겨주셨더라."(대상 10:13~14)

당신이 성령님과 동업하려면 그분께 물어야 합니다.

나는 어떻게 성령님께 묻고 그분의 음성을 들을까요?

첫째, 나는 아침에 눈을 뜨면 이미 성령 충만합니다. 성령 충만은 믿음으로 계속 공급받기 때문입니다. 하지만 성경은 "주 안에서와 그 힘의 능력으로 강건해져라"(엡 6:10)고 했습니다. 그러므로 나는 내 영을 성령의 힘으로 강하게 만들기 위해 매일 한 시간 이상 기도합니다. 이때 성경을 펴놓고 창세기부터 요한계시록까지 한 줄이든, 한 장이든, 열 장이든 꾸준히 통독합니다. 특히 사복음서는 반복해서 통독합니다. 왜냐고요? 성경은 하나님이 오늘 내게 주시는 말씀이기 때문입니다. "사람이 떡으로만 살 것이 아니요 하나님의 입에서 나오는 모든 말씀으로 산다"고 했습니다. 모든 사람은 성경을 1년에 한 번 이상 통독하는 것이 좋습니다. 성경을 알아야 합니다.

사람들은 하나님께 오랜 시간 기도하면서 많이 말하기만 하고 성경을 통해 주시는 그분의 말씀을 들으려고 하지 않습니다. "모든 성경은 하나님의 감동으로 된 것이다. 하나님의 말씀은 살았고 운동력이 있다"고 했습니다. 그러므로 매일 기도 시간에 성경책을 펴놓고 형광펜으로 칠하고 볼펜으로 줄긋고 여백에 메모하며 읽어야 합니다. 성경 전체를 통한 성령님의 음성을 들어야 합니다.

둘째, 특별히 고민하는 문제가 있으면 "성령님, 이럴 경우에는 어떻게 하면 될까요?"라고 묻습니다. 그리고 기다리면 그분이 성경 말씀을 떠올려 주시거나 세미한 음성으로 말씀하십니다. 그때 그 음성을 놓치지 않고 즉시로 받아 적습니다. 실제로 많은 사람들이 성령님의 음성을 듣고 있습니다. 하지만 듣고 흘리고, 듣고 잊어버리기 때문에 그분의 음성을 놓치는 것입니다. 지혜로운 사람은 듣고 잊어버리는 자가 아니라 듣고 마음에 받아 실천하는 자입니다.

셋째, 예수 이름으로 명령하여 미혹의 영과 귀신을 묶어야 합니다. 그래야 미혹의 영과 귀신의 음성이 들리지 않습니다. 우리가 성령님의 음성을 듣고자 할 때 미혹의 영과 귀신들이 다가와 자기가 성령님인 것처럼 속이며 속살거리기도 합니다. "그러나 성령이 밝히 말씀하시기를 '후일에 어떤 사람들이 믿음에서 떠나 미혹하는 영과 귀신의 가르침을 따르리라' 하셨으니……."(딤전 4:1)

"사람들이 귀신의 가르침을 따르리라"고 했습니다. 이 말은 귀신도 성경 구절을 들먹이며 당신을 가르치려 든다는 것입니다.

마귀는 에덴동산에서 아담과 하와를 미혹할 때, 그리고 광야에서 예수님을 시험할 때 하나님의 말씀을 갖고 가르치려 들었습니다.

예수님은 "사탄아, 물러가라"(마 4:10)고 명령하셨습니다.

예수님은 제자들에게 "강한 자를 결박하고 귀신을 쫓아내라"고 하셨습니다. 사도 바울도 "마귀를 대적하라, 그리하면 너희를 피하리라"(약 4:7)고 했습니다. 당신이 악한 영을 꾸짖고 쫓아내지 않으면 악한 영이 당신 곁에 와서 붙어 있다가 어느 날부터 속살거리고 온갖 거짓말을 하며 당신을 가르치려 들고 '이렇게 하라, 저렇게 하라'고 지시할 것입니다. 또한 당신과 당신의 가족, 교회를 끝도 없이 괴롭히고 못 살게 굴 것입니다. 그러므로 아래의 문구를 외우고 당신의 머리에 손을 얹고 매일 이렇게 명령하십시오.

"예수 그리스도의 이름으로 명하노니 악한 영들은 다 떠나가라. 다시는 오지 마라."

그러면 미혹하는 영과 귀신들이 다 떠나갑니다.

성령님의 음성을 들은 후에는 그 내용을 메모지에 적고 성경 말씀과 일치하는지 분별하십시오. "사랑하는 자들아, 영을 다 믿지 말고 오직 영들이 하나님께 속하였나 분별하라."(요일 4:1)

나는 성령님께 묻고 그분의 음성을 들을 때 두 번 정도 다시 물을 때가 많습니다. 그래도 그분은 꾸짖지 않고 동일한 내용을 두 번 말씀해 주십니다. 하나님은 솔로몬에게도 두 번 말씀하셨습니다.

"솔로몬이 마음을 돌려 이스라엘의 하나님 여호와를 떠나므로 여호와께서 그에게 진노하시니라. 여호와께서 일찍이 두 번이나 그에게 나타나시고 이 일에 대하여 명령하사 '다른 신을 따르지 말라' 하셨으나 그가 여호와의 명령을 지키지 않았으므로."(왕상 11:9~10)

성령님의 명령을 들었으면 반드시 돌이키고 순종해야 합니다.

만약 예언의 음성일 경우에는 그대로 이루어지는지 시간을 두고 기다려야 합니다. 어떤 것은 10년, 20년, 430년, 470년이 걸리지만 성령님의 음성은 반드시 이루어집니다. 당신이 기도하고 구한 것은 받은 줄로 믿고 기다리십시오. 조금도 의심하지 마십시오. 하나님이 어느 날 하루 만에 다 이루어 주실 것입니다.

오늘부터 주인님이신 성령님께 모든 것을 물으십시오.

고민이 생기면 물으십시오. "성령님, 어떻게 할까요?"

사람을 만나러 갈 때 물으십시오. "성령님, 어떻게 할까요?"

진학하고 취직할 때 물으십시오. "성령님, 어떻게 할까요?"

결혼하고 분가할 때 물으십시오. "성령님, 어떻게 할까요?"

교회를 개척하고 건축할 때 물으십시오. "성령님, 어떻게 할까요?"

설교하고 안수할 때 물으십시오. "성령님, 어떻게 할까요?"

전도하고 선교할 때 물으십시오. "성령님, 어떻게 할까요?"

교회 직원을 임명할 때 물으십시오. "성령님, 어떻게 할까요?"

집이나 땅, 빌딩을 살 때 물으십시오. "성령님, 어떻게 할까요?"

책을 쓰고 출간할 때 물으십시오. "성령님, 어떻게 할까요?"

창업하고 확장할 때 물으십시오. "성령님, 어떻게 할까요?"

회사의 지분을 살 때 물으십시오. "성령님, 어떻게 할까요?"

산책하고 여행할 때 물으십시오. "성령님, 어떻게 할까요?"

쇼핑할 때도 물으십시오. "성령님, 어떻게 할까요?"

나는 지금까지 성령님께 묻고 그분의 음성을 따라 살아왔습니다.

당신도 성령님께 묻고 그분의 음성을 따라 살기 바랍니다.

이것이 성공적인 신앙생활의 비결입니다.

오늘부터 순간마다 이렇게 물으십시오.

"성령님, 어떻게 할까요?"

2020년 12월 12일

김열방

[목차]

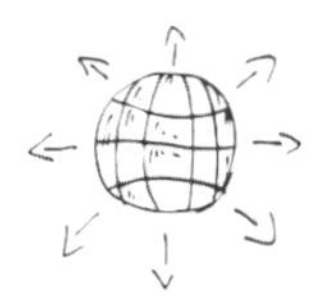

성령님, 어떻게 할까요 . 제 1 부 – 김열방

돈이 들어오면 성령님께 물어라

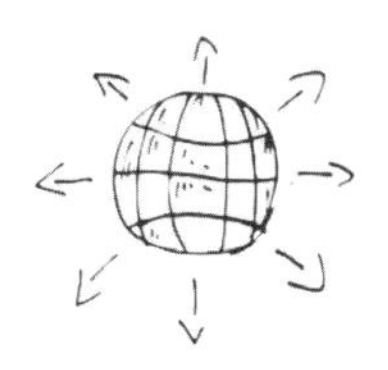

당신은 크고 작은 모든 일에 대해 성령님께 묻습니까?

왜 물어야 하냐고요? 성령님이 '주인님'이시기 때문입니다.

나는 크고 작은 모든 일에 대해 성령님께 묻습니다. 그리고 그분의 세미한 음성에 귀를 기울입니다. 돈에 대해서도 그렇습니다.

돈이 들어오기 전에, 돈이 들어온 후에 묻습니다.

"성령님, 이 돈을 어떻게 할까요?"

그러면 성령님은 내게 어떻게 하라고 구체적으로 지시하십니다.

나는 성령님의 지시를 따라 돈을 사용하며 지혜롭게 관리합니다.

그렇게 해서 나는 지금까지 백배의 복, 천배의 복을 받았습니다.

왜 내가 성령님께 돈 문제를 묻게 되었을까요? 수십 년간 내가 머리를 굴리며 내게 들어온 돈을 경영해 본 결과 실패했기 때문입니다. 아무리 머리를 굴려도 결과는 항상 '부족함'이었습니다.

나는 돈 문제에 대해 결론을 내렸습니다.

"내가 경영하면 실패하고 주님이 경영하시면 성공한다."

주님께서 내 마음에 이렇게 말씀하셨습니다.

'나는 6천 년 동안 나를 주인으로 인정한 사람들의 재정을 경영하는 일에 실패한 적이 없다. 네 모든 돈의 주인이 나인 것을 인정하라. 그리고 네게 들어오는 모든 돈에 대해 네 머리를 굴리지 말고 내게 물어라. 그리고 한 달 후에 어떤 결과가 생기는지 지켜보아라.'

나는 돈이 들어오거나 들어오기 전에, 핸드폰 메모란을 열고 이렇게 적으며 '내 모든 돈의 주인이신 주님'께 묻기 시작했습니다.

"성령님, 어떻게 할까요?"

그렇게 묻자 즉시 내 마음에 성령님의 음성이 들려왔습니다.

'아들아, 이렇게 하면 된다.'

만 원이든, 10만 원이든, 100만 원이든, 천만 원이든 성령님께 묻기 시작하자 성령님께서는 내게 그 돈을 어떻게 관리해야 할지 알려주셨습니다. 그리고 한 달 후에 어떻게 되었을까요?

모든 통장에 잔고가 넘치기 시작했습니다. '책 선교와 책 전도' 곧 출판 사업을 하는데 있어 거래처에 결제할 일이나 각종 공과금도 밀리지 않게 되었습니다. 어떤 일을 하든지 내 마음에 여유가 생겼고 하나님의 창조적인 부요함이 내 삶에 실제로 나타나게 되었습니다. 이 성경 구절이 내게 이루어진 것입니다.

"하나님이 능히 모든 은혜를 너희에게 넘치게 하시나니 이는 너희로 모든 일에 항상 모든 것이 넉넉하여 모든 착한 일을 넘치게 하게 하려 하심이라."(고후 9:8)

내 인생도 정말 모든 일에 항상 모든 것이 넉넉하여 모든 착한 일을 넘치게 하게 된 것입니다. 놀랍지 않습니까? 내가 돈 문제에 대해 성령님께 묻지 않고 내 머리를 굴렸을 때는 모든 일에 항상 모든 것이 부족하여 모든 착한 일을 하는데 부담이 되고 힘들었습니다.

당신도 돈 문제에 있어 성령님을 주인으로 인정하고 물으십시오.

그러면 평생 돈 걱정하지 않게 될 것입니다. 돈 걱정은 당신이 할 필요가 없습니다. 모든 것을 채우시는 주님이 하시기 때문입니다.

내가 성령님을 돈 문제의 주인으로 인정하고 묻기 시작하자 예수님이 제자들에게 하신 말씀이 내게 실제로 이루어졌습니다.

"주라, 그리하면 너희에게 줄 것이니 곧 후히 되어 누르고 흔들어 넘치도록 하여 너희에게 안겨 주리라."(눅 6:38)

나는 그동안 주기만 했습니다. "주라"는 말씀만 알았던 것입니다. 그러나 내가 성령님께 묻고 성령님의 음성을 따라 주기 시작하자 그 뒤에 나오는 내용도 무슨 뜻인지 알게 되었습니다. 예수님은 분명히 "너희에게 줄 것이니 곧 후히 되어 누르고 흔들어 넘치도록 하여 너희에게 안겨 주리라"고 약속하셨습니다. 무엇일까요?

첫째, 너희에게 주겠다 (한 명만 아닌 모두에게 주겠다)
둘째, 곧 주겠다 (미루지 않고 최대한 빨리 주겠다)
셋째, 후히 되어 (나는 인색한 하나님이 아니다)
넷째, 누르고 (곳간이 가득 차도 눌러서 더 주겠다)
다섯째, 흔들어 (흔들어서 구석구석 다 채워 주겠다)
여섯째, 넘치도록 하여 (곳간에 넘칠 정도로 주겠다)
일곱째, 너희에게 안겨 주리라 (모두에게 잔뜩 안겨 주겠다)

놀랍지 않습니까? 당신도 이런 복을 받을 수 있습니다.

수많은 그리스도인들이 이렇게 말합니다.

"내 인생의 주인은 그리스도입니다. 내가 구원받는 날, 내 인생의 모든 것을 그리스도에게 맡겼습니다."

맞습니다. 하지만 그렇게 말한 사람들이 막상 자기 삶의 현장에서는 끊임없이 자기 머리를 굴리며 성공하겠다고 애씁니다.

그들은 영혼의 문제, 시간과 돈 관리에 대한 문제, 복잡한 인간관계 문제, 부모와 자녀에 대한 갈등 문제, 결혼과 출산 문제, 직장과 사업 문제, 진로 문제 등에 대해 구체적으로 성령님께 묻지 않습니다. 머리가 터질 정도로 계산하고 계획하지만 결국 모든 부분에 있어 실패합니다. 이제 다 내려놓아야 합니다.

성령님이 오셨습니다. 성령님은 예수님의 자리에서 예수님의 일을 계속하시는 '다른 보혜사'이십니다. 2천 년 전에 제자들이 "어떻게 세금을 낼까요?"라고 예수님께 물었던 것처럼 지금은 성령님께 물어야 합니다. 동전 하나에 대한 문제도 그분께 물어야 합니다.

그러면 우리 모두는 창조주 하나님 아버지의 부요함에서 나오는 풍성한 공급하심을 이 땅에서 평생토록 경험하게 될 것입니다.

이 말씀이 날마다 당신에게 이루어질 것입니다.

"나의 하나님이 그리스도 예수 안에서 영광 가운데 그 풍성한 대로 너희 모든 쓸 것을 채우시리라."(빌 4:19)

돈 문제만 아닌 모든 일에 대해 성령님께 물어야 합니다. 그렇지 않으면 당신에게 일어난 일로 인해 마음이 상하게 되고 하나님을 향해 원망과 불평을 하게 되므로 모든 것을 잃게 될 것입니다.

당신은 어떤 일 때문에 마음이 쉽게 상합니까? 과연 그것이 당신의 마음을 상하게 할 만큼 큰 문제입니까? 그렇지 않습니다. 많은 사람들이 작은 일 때문에 기분이 상했다며 극단적인 생각을 합니다.

하루는 성령님께서 내게 이렇게 말씀하셨습니다.

"아들아, 돈, 명예, 권세, 건물, 학벌, 숫자, 음식, 옷, 부정적인 사람들의 말, 악성 댓글, 신문 기사, 원수와 적수, 시기 질투 등 어떤 일로도 마음이 상하지 마라. 그 모든 것을 먼지처럼 작게 여기고 가볍게 넘기고 잊어라. 너는 오직 하나님의 말씀만 붙들고 말씀을 따라 살아라. 그러면 네 마음이 흔들리지 않고 항상 행복할 것이다."

"네, 주님. 알겠습니다. 이제 그런 일로 마음 상하지 않습니다."

당신도 작은 일로 마음이 상하지 않도록 하십시오.

그러려면 습관을 따라 성령님께 물어야 합니다.

"성령님, 이런 일이 생겼는데 어떻게 할까요?"

성령님은 당신에게 말씀하십니다.

"아들아, 이렇게 하면 된다."

성령님, 어떻게 할까요 . 제 2 부 - 김열방

모든 꿈과 소원의 주체는 성령님이시다

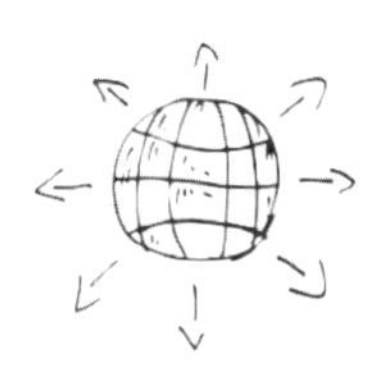

당신은 어떤 꿈과 소원을 갖고 있습니까?

나는 120가지의 꿈과 소원을 마음에 잉태하고 있는데 그것들이 성령의 능력으로 하나씩 현실에 태어나고 있습니다. 그래서 나는 날마다 가슴이 설렙니다. 인생은 꿈대로 믿음대로 다 됩니다.

꿈이 없으면 '종결'이란 묘비가 세워진 죽은 인생입니다. 꿈이 없는 인생은 방탕하게 행합니다. 하나님은 이스라엘 백성들에게 "네 입을 넓게 열라. 내가 채우겠다"고 하셨습니다. 성령님은 당신에게 꿈을 주시는 분이고 그 꿈을 이루어 주시는 분이십니다.

당신에게 주신 모든 꿈과 소원의 주체는 성령님이십니다.

"너희 안에서 행하시는 이는 하나님이시니 자기의 기쁘신 뜻을 위하여 너희에게 소원을 두고 행하게 하시나니."(빌 2:13)

그러므로 당신이 꿈을 이루기 위해 애쓰지 않아도 됩니다.

성령님이 모든 꿈에 대한 주체이시다

당신은 꿈을 이루기 위해 애쓰며 몸부림치지 않습니까?

그럴 필요가 전혀 없습니다. 하나님이 주신 꿈은 당신이 인간적인 방법으로 힘쓰고 애쓴다고 이뤄지는 것이 아니기 때문입니다.

당신이 큰 꿈을 가지면 그것을 이루어 주시는 분은 성령님이십니다. 그러므로 꿈꾸는 사람은 모두 이렇게 믿고 말해야 합니다.

"꿈은 성령님이 이루신다."

"꿈에 드는 비용도 성령님이 주신다."

꿈에 대한 마음의 짐은 성령님께 다 맡기고 어린아이 같은 마음으로 행복하게 생활하십시오. 날마다 하나님의 응답과 선물을 기대하십시오. 어린아이들은 설레는 마음으로 매일 뭔가를 기대합니다.

아이들은 자기 생일이나 성탄절이 되어도 설레고 친구 생일이어도 괜히 자기 마음이 설렙니다. 소풍갈 때도 설레고 새 옷을 사러 가도 며칠 전부터 설렙니다. 맛있는 음식을 먹어도 설레고 금방 핀 민들레나 떨어지는 은행 잎, 눈송이를 보면서도 가슴이 설렙니다.

어른들의 마음은 아무리 좋은 걸 봐도 설레지 않습니다.

"옛날에 다 해봤어. 별거 아니야. 괜히 돈만 들어."

당신은 어린아이의 마음을 갖고 있습니까? 아니면 어른의 마음을 갖고 있습니까? 예수님은 어린아이의 마음으로 천국을 떠받들며 살라고 하셨습니다. 천국은 성령을 통해 당신에게 나타납니다.

"예수께서 그 어린아이들을 불러 가까이 하시고 이르시되 어린아이들이 내게 오는 것을 용납하고 금하지 말라. 하나님의 나라가 이런 자의 것이니라."(눅 18:16)

성령님은 하나님의 나라를 가지고 당신에게 임하셨습니다.

성령님이 큰 권능을 가지고 당신 안에 들어와 계십니다.

어떤 사람은 이렇게 말할 것입니다.

"사도 바울은 어린아이의 일을 버리라고 했잖아요?"

마음은 어린아이 같고 깨달음은 계속 성장해야 합니다.

"내가 어렸을 때에는 말하는 것이 어린아이와 같고 깨닫는 것이 어린아이와 같고 생각하는 것이 어린아이와 같다가 장성한 사람이 되어서는 어린아이의 일을 버렸노라."(고전 13:11)

깨달음에는 어린아이가 되지 말고 장성한 자가 되십시오.

마음은 평생 어린아이와 같아야 이 땅에서 성령님과 함께 천국의 행복을 누릴 수 있습니다. 나는 어린아이와 같은 설레는 마음을 갖고 있기 때문에 날마다 천국 곧 하나님의 나라를 누리고 있습니다.

천국의 속성은 성령 안에서 '의와 평강과 희락'입니다.

"하나님의 나라는 먹는 것과 마시는 것이 아니요 오직 성령 안에 있는 의와 평강과 희락이라."(롬 14:17)

천국에는 죄와 불안과 슬픔이 없습니다. 당신이 죄를 짓고 불안해하고 슬픔이 가득하다면 천국이 아닌 지옥에 빠져 있는 것입니다.

다시 어린아이와 같은 단순한 마음으로 돌아가십시오.

이런 부정적이고 소극적인 생각과 말은 하지 마십시오.

"꿈을 가지면 그것을 이루기 위한 시간과 비용이 많이 들어."

"지금 다시 꿈꾸고 이루기엔 내 나이가 너무 많고 돈에 대한 부담 때문에 마음이 힘들어요. 나 혼자 먹고 사는 것만 해도 벅찬데요."

하나님은 크게 생각하며 믿음으로 살라고 말씀하십니다.

나는 26세에 결혼한 후로 지금까지 먹고 사는 문제에 대해 고민한 적이 없습니다. 왜 그럴까요? 마태복음 6장 34절의 "내일 일을 위하여 염려하지 말라. 내일 일은 내일이 염려할 것이요 한 날의 괴로움은 그 날로 족하니라"고 하신 말씀을 믿었기 때문입니다.

나는 저축하며 내일 일을 준비하되 염려하지는 않습니다.

성경은 "저축하라"고 했지 "염려하라"고 하지 않았습니다.

"저축하라."(창 6:21)

나는 성령님의 음성을 따라 꾸준히 저축합니다. 하지만 그것으로 내 꿈을 이룬 적은 없습니다. 왜냐면 내가 "저축하라"는 말씀에 순종하여 습관을 따라 저축한 것은 작은 돈이기 때문입니다. 꿈을 이루기 위해서는 큰돈이 들어갑니다. 그런 큰돈은 성령님이 다 주셨습니다. 나는 100만 원을 저축했는데 성령님이 9900만 원을 주셨습니다. 성령님은 모든 것을 넘치게 채우시는 분입니다.

미래를 위해 저축하되 돈 걱정은 하지 마십시오. 돈 걱정을 하면 마음껏 꿈꿀 수 없습니다. 돈 때문에 잠이 안 오고 가슴이 답답해집니다. 무거운 짐이 쇳덩이처럼 당신의 어깨를 짓누를 것입니다.

"나의 하나님이 그리스도 예수 안에서 영광 가운데 그 풍성한 대로 너희 모든 쓸 것을 채우시리라"(빌 4:19)는 말씀을 믿으십시오.

돈 걱정하지 말고 날마다 '공급에 대한 믿음'으로 사십시오.

하나님이 어떻게든 다 채우십니다.

성령님이 꿈을 이루기 위한 돈을 주신다

당신은 꿈에 드는 비용 때문에 마음이 힘들지 않습니까?

꿈과 소원을 이루기 위한 비용 때문에 부담을 느끼며 마음이 힘들어지는 것은 당신 자신이 그 꿈과 소원을 이루는 주체인 줄로 착각하고 있기 때문입니다. 당신의 모든 꿈과 소원을 이루는 주체는 성령님이십니다. 성령님은 꿈과 소원을 주시고 그것을 이루어 주시는 분입니다. 성령님이 시작과 끝, 모든 일을 행하십니다.

나도 꿈과 소원에 드는 비용 때문에 마음이 힘든 적이 많았습니다. 하지만 지금은 그런 마음의 짐을 다 성령님께 맡겼고 자유를 얻었습니다. 내가 아닌 전능하신 성령님이 하시기 때문입니다. “너의 행사를 여호와께 맡기라. 그리하면 네가 경영하는 것이 이루어지리라”(잠 16:3)고 했습니다. 당신도 돈에 대한 짐을 성령님께 맡기고 자유를 얻으십시오. “네 짐을 여호와께 맡기라. 그가 너를 붙드시고 의인의 요동함을 영원히 허락하지 아니하시리로다.”(시 55:22)

어떻게 맡길까요? “성령님, 어떻게 할까요?”라고 물으면 됩니다.

그러면 성령님은 돈을 만들 수 있는 지혜를 주십니다.

성령님은 날마다 당신의 짐을 대신 지시는 분입니다.

성령님의 힘을 과소평가하지 마십시오. 그분은 막강한 분입니다.

그분은 실제적인 힘으로 당신의 돈 문제를 해결해 주십니다.

꿈의 크기와 비용의 크기는 비례하다

당신은 얼마나 큰 꿈을 갖고 있습니까?

나는 성령님과 함께 큰 꿈을 품고 살고 있습니다.

나는 20세에 길을 걷다가 성령을 체험하고 방언을 비롯한 여러 가지 은사를 받았습니다. 그리고 성령님의 음성을 따라 세계 비전을 가졌습니다. 전 세계 수십억의 영혼에게 복음을 전하겠다는 꿈, 넓은 땅과 큰 빌딩을 사서 선교하겠다는 꿈, 수많은 책을 써내겠다는 꿈, 전국과 세계를 다니며 강연하겠다는 꿈, 텔레비전과 라디오 방송국, 신문사와 출판사를 인수하겠다는 꿈을 가졌습니다.

처음에는 단순히 꿈만 가지면 되는 줄 알았습니다. 그런데 시간이 지나면서 그 꿈을 이루려면 막대한 비용이 든다는 것을 알게 되었습니다. "꿈의 크기와 비용의 크기는 비례하다"는 것입니다.

큰 꿈을 가지면 큰 비용이 들고 작은 꿈을 가지면 작은 비용이 듭니다. 서울 강남에서 500억짜리 작은 작은 빌딩을 하나 갖겠다는 꿈을 가지면 그에 비례하는 500억이라는 비용이 필요합니다.

그 돈을 나 스스로 만들겠다고 뛰어다니면 어떻게 될까요?

아르바이트나 직장 생활을 해서 한 달에 200만 원을 벌 경우, 50 퍼센트인 100만 원을 저축한다고 해도 1년이면 1200만 원, 10년이면 1억 2천만 원, 100년이면 12억, 천 년이 지나도 120억 밖에 되지 않습니다. 500억을 만들려면 4천 년이 걸립니다. 불가능합니다. 알바 마인드, 봉급자 마인드, 자영업자 마인드로는 안 되지만 사업가 마인드, 자산가 마인드, 천재 마인드로는 가능합니다. 사업가와 자산가, 천재들은 하루에도 500억을 벌기 때문입니다.

빌 게이츠나 손정의는 그 정도의 돈을 쉽게 법니다.

당신도 큰돈을 벌 수 있는 능력이 있습니다.

당신에게는 재물 얻을 능력이 있다

당신에게도 성령님이 재물 얻을 능력을 주셨습니다.

그러므로 당신은 자신에게 한 달에 1억, 10억, 100억을 벌 수 있는 '재물 얻는 초자연적인 지혜와 힘'이 있다고 믿어야 합니다.

"네 하나님 여호와를 기억하라. 그가 네게 재물 얻을 능력을 주셨음이라. 이같이 하심은 네 조상들에게 맹세하신 언약을 오늘과 같이 이루려 하심이니라."(신 8:18)

이 말씀을 자세히 읽어보십시오. "그가 네게 재물 얻을 능력을 주실 것이다"라는 '미래형, 소망형'이 아닙니다. "그가 네게 재물 얻을 능력을 주셨다"고 '현재 완료형, 믿음형'으로 말씀하셨습니다.

그러므로 당신은 이렇게 말해야 합니다.

"나는 재물 얻는 능력이 있다."

왜 재물 얻는 능력을 주셨을까요? 언약을 이루기 위해서입니다.

언약은 '말로 하는 약속'입니다. 하나님은 아브라함, 이삭, 야곱, 요셉, 모세, 다윗 등에게 맹세하신 언약을 이루기 위해 그들 모두에게 '재물 얻을 능력'을 주셨습니다. 마찬가지로 당신과 내게 맹세하신 언약을 이루기 위해서도 '재물 얻을 능력'을 주셨습니다.

하나님이 당신에게 부요해지는 능력, 큰 재산을 모아 세계 복음화의 꿈을 이루는 힘을 이미 주셨습니다. 하나님은 공급자이십니다.

"나의 하나님이 그리스도 예수 안에서 영광 가운데 그 풍성한 대로 너희 모든 쓸 것을 채우시리라."(빌 4:19)

여기서 말하는 '나의 하나님'은 누구를 의미할까요? 성령님입니다. 성령님은 내 안에 가득히 들어와 계시고 나를 덮고 계신 나의 하나님이십니다. 성령님은 작고 연약한 분이 아닙니다.

성령님은 천지 만물을 창조하신 창조주 하나님이십니다. 그분은 온 우주에서 가장 부요하신 분입니다. 그분은 하나님을 경외하는 모든 왕들에게 지혜를 주시는 분입니다. 그분은 하나님을 경외하는 모든 억만장자들에게 재물을 주시는 분입니다.

이런 성령님이 나의 공급자이십니다.

'보이지 않는 공급자, 그러나 온 우주에서 가장 실제적인 공급자'가 내 안에 가득히 계시고, 나를 덮고 계십니다. 당신도 그렇습니다.

이러한 성령님은 나의 애인이며 한없이 존귀하신 분입니다.

나는 영원히 성령님을 사랑하고 의지합니다.

당신도 성령님을 사랑하고 의지하십시오.

성령님과 동업하십시오.

당신이 복을 받고 성공하면 박해가 온다

당신은 성령님 때문에 박해를 받은 적이 있습니까?

당신이 모든 일을 성령님과 함께하면 이 땅에서도 큰 복을 받을 것입니다. 하지만 그런 복과 함께 주위 사람들의 시기와 질투, 오해와 비난, 욕설과 박해도 있다는 것을 알아야 합니다. 아무리 하나님께 복을 받고 행복해도 그렇게 주위 사람들로부터 박해를 받기 시작하면 순간마다 마음이 힘들어지고 어깨가 축 쳐집니다.

나는 성령님과 동업하며 큰 꿈을 이루며 살고 있습니다.

이처럼 성령님과 동업하는 내게는 아무런 어려움이 없을까요?

그렇지 않습니다. 나도 가끔 크고 작은 어려움을 겪습니다. 그러면 내 마음이 힘들고 가슴이 콱 막힌 듯 답답해집니다. 그 문제를 해결하기 위해 머리가 터질 듯이 고민하기도 합니다. 하지만 나는 성령님의 도우심으로 '믿음의 주요 또 온전케 하시는 이인 예수님'을 바라봅니다. 예수님은 모든 문제보다 크신 분입니다.

"자녀들아, 너희는 하나님께 속하였고 또 그들을 이기었나니 이는 너희 안에 계신 이가 세상에 있는 자보다 크심이라."(요일 4:4)

당신은 지금 마음이 행복합니까? 만약 당신의 마음이 불행하다면 왜 불행합니까? 아마 돈 문제 아니면 부정적인 사람들의 모욕과 비난과 박해, 또는 극한 가난과 불치의 병, 나쁜 주거 환경과 직장 생활 때문일 것입니다. 이런 것들은 성령님과 함께 꿈꾸며 달려가는 당신을 끝없이 힘들게 하고 좌절과 낙심, 불안을 안겨 줍니다.

사도 바울도 그런 고통을 많이 겪었다고 말했습니다.

"바로 이 시각까지 우리가 주리고 목마르며 헐벗고 매 맞으며 정처가 없고 또 수고하여 친히 손으로 일을 하며 모욕을 당한즉 축복하고 박해를 받은즉 참고 비방을 받은즉 권면하니 우리가 지금까지 세상의 더러운 것과 만물의 찌꺼기 같이 되었도다."(고전 4:11~13)

박해를 두려워하지 말고 이해하고 받아들이십시오.

당신이 성령님의 음성에 순종하여 그분이 주시는 큰 꿈과 소원을 품고 달려가면 반드시 때가 되어 백배의 복을 받습니다. 그렇다고 모든 길이 평탄하기만 한 것은 아닙니다. 이런저런 문제들이 자꾸 생기고 박해자들이 일어납니다. 예수님께서 말씀하셨습니다.

"나와 복음을 위하여 집이나 형제나 자매나 어머니나 아버지나 자식이나 전토를 버린 자는 현세에 있어 집과 형제와 자매와 어머니와 자식과 전토를 백 배나 받되 박해를 겸하여 받고 내세에 영생을 받지 못할 자가 없느니라."(막 10:29~30)

박해(迫害)라는 말은 '못 살게 괴롭힌다'는 뜻입니다.

어떤 사람은 이유 없이 당신을 박해합니다. 예수님께도 그랬습니다. 그러므로 박해를 받을 때 더욱 깨어 성령님의 코치를 잘 받고 뱀처럼 지혜롭고 비둘기처럼 순결하게 행동해야 합니다.

박해를 받으면 예수님처럼 피신하라

예수님의 생애는 어떨까요? 출생부터 박해로 시작되었습니다.

"주의 사자가 요셉에게 현몽하여 이르되, 헤롯이 아기를 찾아 죽이려 하니 일어나 아기와 그의 어머니를 데리고 애굽으로 피하여 내가 네게 이르기까지 거기 있으라 하시니 요셉이 일어나서 밤에 아기와 그의 어머니를 데리고 애굽으로 떠나가 헤롯이 죽기까지 거기 있었으니 이는 주께서 선지자를 통하여 말씀하신 바 애굽으로부터 내 아들을 불렀다 함을 이루려 하심이라. 이에 헤롯이 박사들에게 속은 줄 알고 심히 노하여 사람을 보내어 베들레헴과 그 모든 지경 안에 있는 사내아이를 박사들에게 자세히 알아본 그 때를 기준하여 두 살부터 그 아래로 다 죽이니……."(마 2:13~16)

예수님은 헤롯이 죽을 때까지 애굽에 피신해 있었습니다.

예수님은 어릴 때부터 '장기 피신자'였습니다.

당신도 지금 피신해서 몸을 숨기고 있지 않습니까? 그래도 괜찮습니다. 박해자가 죽으면 하나님이 당신에게 지시하실 것입니다.

"헤롯이 죽은 후에 주의 사자가 애굽에서 요셉에게 현몽하여 이르되 '일어나 아기와 그의 어머니를 데리고 이스라엘 땅으로 가라. 아기의 목숨을 찾던 자들이 죽었느니라' 하시니 요셉이 일어나 아기와 그의 어머니를 데리고 이스라엘 땅으로 들어가니라."(마 2:19~21)

그때까지는 여호와 앞에 잠잠하고 참아 기다려야 합니다.

"여호와 앞에 잠잠하고 참아 기다리라. 자기 길이 형통하며 악한 꾀를 이루는 자를 인하여 불평하여 말지어다."(시 37:7)

박해를 받아도 계속 예배하며 복음을 전하라

역사상 모든 박해는 그리스도인을 더욱 강하게 만들었습니다.

당신도 어떤 박해를 받더라도 '당신이 달려갈 길'을 가야 합니다.

'순교자 마인드'로 목숨을 내놓고 맡겨진 사명을 감당해야 합니다. 사도 바울은 "내가 달려갈 길과 주 예수께 받은 사명 곧 하나님의 은혜의 복음을 증언하는 일을 마치려 함에는 나의 생명조차 조금도 귀한 것으로 여기지 아니하노라"(행 20:24)고 말했습니다.

나는 박해를 받아도 계속 예배하며 복음을 전하기로 결심했습니다. 사람들은 조금만 박해를 받아도 모든 것을 멈추려고 합니다.

남편이나 아내, 부모나 자녀가 박해해도 손에 쟁기를 잡고 계속 일하십시오. "예수께서 이르시되 손에 쟁기를 잡고 뒤를 돌아보는 자는 하나님의 나라에 합당하지 아니하니라 하시니."(눅 9:62)

작은 남편이 아닌 큰 남편 예수님을 기쁘게 해야 합니다.

작은 남편이 아닌 큰 남편 예수님의 말씀에 순종해야 합니다.

예수님은 남편과 아내보다 그분을 더 사랑해야 한다고 했습니다.

"무릇 내게 오는 자가 자기 부모와 처자와 형제와 자매와 더욱이 자기 목숨까지 미워하지 아니하면 능히 내 제자가 되지 못하고 누구든지 자기 십자가를 지고 나를 따르지 않는 자도 능히 내 제자가 되지 못하리라."(눅 14:26~27)

사명은 누군가 말려도 목숨 걸고 계속 하는 것입니다.

당신의 달려갈 길은 무엇입니까? 멈추지 말고 계속 하십시오.

하나님이 기름 부어 세우신 종들에게는 각자 '자신의 달려갈 길'과 '은혜의 복음을 증언하는 일'이라는 두 가지 사역이 있습니다.

나는 천국 복음을 깨달은 이후로부터는 율법주의 가르침을 하지 않고 "예수님이 십자가에서 다 이루었다. 두려워 말고 믿기만 하라"는 '은혜의 복음'만 날마다 증언했습니다. 하지만 다른 한 가지는 정확하게 이해하지 못하고 혼란을 겪었는데 곧 '내가 달려갈 길'입니다. 내가 달려갈 길이 뭔지 모르면 계속 마음이 힘들어집니다.

나는 책 쓰기를 통해 전도하고 선교한다

당신에게 있어 '내가 달려갈 길'은 무엇인가요?

나는 책 쓰기를 통해 전도하고 선교하는 것입니다.

책 전도와 책 선교, 나는 이 일을 할 때 가장 쉽고 재미있고 높은 가치를 느낍니다. 내게 있어 책 쓰기는 잠깐이 아닌 평생입니다.

당신이 매일 한 줄이라도 책을 쓰고 있다면 대단한 것입니다.

하나님이 책을 쓸 수 있도록 당신을 선택해서 천재적인 지혜와 재능, 특별한 깨달음과 은혜를 주셨기에 가능한 것입니다. 그런 책 쓰기의 은혜를 받았으면 계속 책을 쓰며 그 길을 가십시오.

사람마다 달려갈 길이 다릅니다. 당신은 무엇입니까?

아브라함과 이삭은 달려갈 길이 달랐습니다. 이삭과 야곱은 달랐고 야곱과 요셉은 달랐습니다. 요셉과 모세는 각자 완전히 다른 길을 갔습니다. 모세와 여호수아는 달랐고 엘리야와 엘리사는 달랐습니다. 이사야와 예레미야와 에스겔은 달랐습니다. 베드로와 요한은 달랐고 바울과 바나바도 달랐습니다. 디모데와 마가 요한은 달랐습니다. 당신은 누구와 다릅니까? 각자 달려갈 길이 다릅니다.

성경 인물만 그랬을까요? 아닙니다. 지금도 그렇습니다.

디엘 무디와 찰스 스펄전은 달랐습니다. 빌리 그래함과 노만 빈센트 필은 달랐습니다. 찰스 피니와 조나단 에드워드는 달랐습니다.

오랄 로버츠와 캐더린 쿨만은 달랐습니다. 캘빈과 웨슬레는 달랐습니다. 존 번연과 어거스틴은 달랐습니다.

그들에게 있어 '은혜의 복음을 증언하는 일'은 같았지만 '내가 달려갈 길'은 달랐던 것입니다. 어떤 사람은 왕들에게, 또 수천수만 명 앞에서 예언하며 설교해야 했지만 어떤 사람은 외딴 섬에서 홀로 고독한 시간을 보내며 마지막 계시를 받아 적어야 했습니다.

베드로가 요한을 보며 예수님께 물었습니다.

"주님, 이 사람은 어떻게 되겠습니까?"

예수님께서 대답하셨습니다.

"내가 올 때까지 그를 머물게 하고자 할지라도 네게 무슨 상관이냐? 너는 나를 따르라."(요 21:22)

모두 주님의 부름을 받았지만 각기 달려갈 길은 달랐던 것입니다. 이것을 모르면 다른 사람과 비교하며 교만해지거나 낙심하며 원망과 불평을 하게 되고 마음이 지옥처럼 불행해집니다. 이것을 알면 감사와 찬양이 넘치게 되고 마음이 천국처럼 행복해집니다.

당신은 주위 사람과 비교하지 말고 오직 예수님만 따라야 합니다. 예수님이 말씀하셨습니다. "너는 나를 따르라."

하나님은 내게 천천히 복을 주셨다

당신은 당신의 달려갈 길을 행복한 마음으로 가고 있습니까?

나는 나의 달려갈 길을 주님과 함께 행복한 마음으로 달려가고 있습니다. 나는 '천천히 마인드'로 삽니다. 인생은 바짝 긴장하며 추월 차선으로 빨리 달린다고 성공하는 것이 아닙니다. 아름다운 경치를 구경하며 음악을 들으며 여유롭게 주행 차선을 달려야 합니다. 당신도 '빨리 빨리' 달리지 말고 '천천히 천천히' 달리십시오.

한 사람이 내가 천천히 복을 받는 것에 대해 물었습니다.

"김열방 목사님은 왜 빨리 큰 복을 받지 못합니까?"

나는 웃으며 그분에게 말했습니다.

"하하하, 저는 하나님이 천천히 복을 주십니다."

뭐든 빨리, 크게 성장한다고 그것이 꼭 성공은 아닙니다.

하나님은 그동안 내게 천천히 복을 주셨습니다. 지혜도 천천히 열어 주셨고, 애타게 구했던 방언도 천천히 주셨습니다. 신학대학원도 6년 만에 졸업했고 목사 안수도 남들보다 늦게 받았습니다. 그래도 괜찮습니다. '천천히' 가도 주님과 함께하면 결국 성공합니다.

솔로몬 왕은 천천히 복을 받았지만 이전에 있던 모든 사람보다 더 많은 복을 받았습니다. "나보다 먼저 예루살렘에 있던 모든 자들보다도 내가 소와 양 떼의 소유를 더 많이 가졌으며 은 금과 왕들이 소유한 보배와 여러 지방의 보배를 나를 위하여 쌓고 또 노래하는 남녀들과 인생들이 기뻐하는 처첩들을 많이 두었노라."(전 2:7~8)

솔로몬도 "내가 이같이 창성하여 나보다 먼저 예루살렘에 있던 모든 자들보다 더 창성하니 내 지혜도 내게 여전하도다."(전 2:9)라고 했는데 여기서 "창성하여"라는 말은 '잘 나간다'는 뜻입니다. 그는 하나님의 은혜로 먼저 있던 어떤 사람들보다 잘 나가는 사람이 되었습니다. 하지만 나중엔 그것조차 다 헛되고 헛되다고 했습니다.

당신도 남들보다 늦고 천천히 가는 것처럼 보이지만 결국에는 하나님이 당신에게 더 많이 복을 주시고 당신으로 하여금 더 잘나가게 하실 것입니다. 예수님은 "나중 된 자가 먼저 될 자가 많다"고 했습니다. 천천히 복을 받아도 괜찮다고 생각하십시오. 이미 '가장 큰 복인 영혼 구원'을 받았습니다. 이미 '가장 큰 보배인 예수님'을 모시고 있습니다. 그러므로 당신은 이미 가장 크게 성공한 사람입니다. 가장 큰 성공은 보배이신 예수님을 사랑하며 사는 것입니다.

"우리가 이 보배를 질그릇에 가졌으니 이는 심히 큰 능력은 하나님께 있고 우리에게 있지 아니함을 알게 하려 함이라."(고후 4:7)

나는 성령님의 인도하심을 따라 보조를 맞추며 '천천히 살기'로 마음먹었습니다. 서두를 필요가 없습니다. 이틀이든지, 한 달이든지, 일 년이든지, 구름 기둥이 떠오르면 그때 움직이면 됩니다.

"이틀이든지, 한 달이든지, 일 년이든지, 구름이 성막 위에 머물러 있을 동안에는 이스라엘 자손이 진영에 머물고 행진하지 아니하다가 떠오르면 행진하였으니 곧 그들이 여호와의 명령을 따라 진을 치며 여호와의 명령을 따라 행진하고 또 모세를 통하여 이르신 여

호와의 명령을 따라 여호와의 직임을 지켰더라."(민 9:22~23)

주께는 하루가 천 년 같고 천 년이 하루 같습니다. 주님은 당신에게 천 년 동안 받을 복을 하루 만에 주실 수도 있습니다. "사랑하는 자들아, 주께는 하루가 천 년 같고 천 년이 하루 같다는 이 한 가지를 잊지 말라"(벧후 3:8)고 했습니다. 그러므로 아무 일에든지 조바심을 버리고 크게 생각하며 멀리 내다보십시오. 이렇게 말하십시오.

"하나님이 내게는 천천히 복을 주신다. 그래도 괜찮다."

"나는 내 안에 살아 계신 예수님 때문에 행복하다."

다른 사람과 비교하면 불행해진다

당신은 틈만 나면 다른 사람과 비교하지 않습니까?

다른 사람과 비교하기 시작하면 남의 떡이 더 커 보이고 불행해집니다. 비교하는 일을 멈추십시오. 그들에 대해 신경 끄십시오.

대형 교회 목회자는 이렇게 생각할 수도 있습니다.

'나는 왜 이렇게 주일마다 수만 명 앞에서 설교를 해야 돼? 나도 몇 명 앞에서 설교하며 작은 교회를 목회하고 싶어. 작은 교회 목회자들은 얼마나 마음이 편하고 자유로울까? 나는 마음이 무거워.'

소형 교회 목회자는 이렇게 생각할 수도 있습니다.

'나는 왜 이렇게 주일마다 몇 명만 앉혀 놓고 설교를 해야 돼? 나도 수만 명 앞에서 설교하며 대형 교회를 목회하고 싶어. 대형 교회 목회자들은 멋지고 대단해 보이는데 나는 맨날 이게 뭐야?'

대기업 회장은 이렇게 생각할 수도 있습니다.

'나는 왜 이렇게 매달 수만 명의 직원을 먹여 살려야 해? 나도 중소기업처럼 직원이 몇 명이면 좋겠네. 그러면 얼마나 편해.'

작은 회사 사장은 이렇게 생각할 수도 있습니다.

'나는 왜 이렇게 직원 몇 명을 놓고 끙끙거리며 씨름하지? 나도 회사가 빨리 성장해서 수천 명, 수만 명의 직원을 가지면 좋겠네.'

매주 돌아다니는 부흥사는 이렇게 생각할 수도 있습니다.

'나는 왜 이렇게 매주 부흥회를 나가야 해? 하루에 몇 번씩 미친 듯이 설교하고 땀 흘리며 안수하고 숙소에 돌아오면 탈진 상태가 돼. 바깥에 나가 산책할 시간도 없어. 또 다음 집회를 위해 쪼그리고 앉아 기도해야 돼. 제발 이렇게 안 돌아다니고 한 군데서 조용히 목회하고 싶은데 왜 이렇게 나를 초청하는 단체가 많지?'

지역 교회를 맡은 목회자는 이렇게 생각할 수도 있습니다.

'나는 왜 이렇게 한 교회에서 똑같은 성도들의 얼굴을 보며 매주 설교해야 할까? 저들은 도대체 바뀌기는 하는 걸까? 1년이 지나고 10년이 지나도 그 모습 그대로인 것 같아. 끝도 없는 설교와 양육과 심방이 너무 힘들어. 나도 부흥사들처럼 매주 전국과 세계를 여행하며 다양한 교회에서 설교하고 고급 호텔에서 묵으며 "강사님, 강사님" 하며 대접받고 싶어. 부흥사들은 밖으로 돌아다니며 마음껏 바람을 쐬고 여행하니까 아무 고민이 없을 거야. 난 이게 뭐야?'

해외 선교사는 이렇게 생각할 수도 있습니다.

'나는 왜 이렇게 외딴 곳에서 선교하고 있는 걸까? 제대로 못 먹고 못 입고 못 자고 밤낮 가난하고 병든 사람들을 만나 도우며 일해야 하잖아. 다들 내게 와서 힘들다며 징징대고 있어. 나도 한국에서 아담한 교회를 맡아 목회하면서 조용히 살고 싶어. 아, 힘들다.'

큰 빌딩을 가진 사람은 이렇게 생각할 수도 있습니다.

'나는 왜 이렇게 큰 빌딩을 부모님께 물려받아 매달 관리한다고 힘들어하는 걸까? 그냥 내가 살만한 작은 집 한 채면 족한데. 이 고층 빌딩에 세 들어 있는 수백 명의 세입자들 때문에 머리 아파.'

원룸과 오피스텔에 사는 사람은 이렇게 생각할 수도 있습니다.

'나는 언제쯤 이 갑갑한 원룸에서 벗어날 수 있을까? 나도 큰 빌딩을 갖고 싶은데. 빌딩 주인이 되면 얼마나 행복할까? 월세만 받아도 평생 먹고 살 수 있을 거야. 그들은 아무 고민이 없을 거야.'

각자 이런 마음을 가지니까 행복하지 못하고 불행합니다.

아이는 어른이 되고 싶어 하고 어른은 철없는 아이가 부럽습니다. 직원은 사장이 되고 싶어 하고 사장은 단순한 직원이 부럽습니다. 자기 인생에 만족하지 못하고 끝도 없이 남을 부러워합니다.

이제 남을 부러워하는 마음을 멈추고 자신의 길을 가십시오.

당신의 만족은 다른 사람처럼 되는데 있지 않습니다.

만족은 자기 기준이 아닌 오직 하나님께로부터 옵니다. "우리가 무슨 일이든지 우리에게서 난 것 같이 스스로 만족할 것이 아니니 우리의 만족은 오직 하나님으로부터 나느니라."(고후 3:5)

물론 우리는 현실에 안주하지 말고 더 나은 내일을 꿈꾸어야 합니다. 하나님께 더 많은 복을 구하고 받아 누리며 전도해야 합니다.

때가 되면 하나님께서 당신의 지경을 넓혀 주실 것입니다. 하지만 지금은 자신에게 주어진 행복을 누리는 것이 더욱 중요합니다.

성령 안에서 꿈과 소원을 가졌다면 한 번 기도하고 구한 다음 받았다고 믿고 하나님께 완전히 맡기십시오. 그리고 하나님이 이미 당신에게 주신 '그 길'에 대해 만족하고 감사하며 누리십시오.

자꾸 다른 사람과 비교하면서 인상 쓰지 마십시오. "남의 떡이 커 보인다"고 다른 사람의 길을 보며 부러워하고 시기 질투하며 하나님께 항의하듯이 기도하면 오히려 시험에 빠집니다. 하나님의 얼굴을 바라보면서 만족하고 감사하고 기뻐하십시오. 당신이 받은 지극히 작은 것에 충성하면 하나님이 더 큰 것을 맡기실 것입니다.

"귀인이 왕위를 받아 가지고 돌아와서 은화를 준 종들이 각각 어떻게 장사하였는지를 알고자 하여 그들을 부르니 그 첫째가 나아와 이르되 '주인이여, 당신의 한 므나로 열 므나를 남겼나이다' 주인이 이르되 '잘하였다. 착한 종이여, 네가 지극히 작은 것에 충성하였으니 열 고을 권세를 차지하라' 하고……."(눅 19:15~17)

한 므나는 100만 원 정도 밖에 되지 않습니다. 그것으로 장사해서 열 므나를 만들었는데 주인은 엄청나게 큰 열 고을을 맡겼습니다. 때가 되면 하나님께서 당신에게도 엄청나게 큰일을 맡기실 것입니다. 나도 예전에 다른 사람과 비교하며 힘들어 한 적이 많았지만 성령님께서 그런 잘못된 내 마음을 바꾸어 주셨습니다.

"너는 다른 사람과 사역을 비교하지 마라. 다른 사람처럼 되려고 애쓰지 마라. 오직 네가 달려갈 길만 달려가라. 내가 너에게 10년간 부흥회를 인도하게 허락하므로 너는 전국과 세계를 다니며 그런 사역을 했다. 하지만 그것은 너의 독보적인 길이 아니다. 너는 어떤 부흥사처럼 수첩에 빽빽한 스케줄을 적어 놓고 일주일 내내 부흥회를 한다고 밤낮 차를 몰고 돌아다녀야 하는 것이 아니다. 내가 생각할 때 꼭 필요한 교회에만 너를 보내겠다. 너는 서울 잠실에서 목회하면서 가만히 홀로 앉아 내가 네게 주는 깨달음을 책에 모두 담아라. 그 책이 너의 분신이 되어 너 대신 전국과 세계를 다니며 복음을 전할 것이고 수많은 목회자들과 선교사들의 가슴에 부흥을 일으킬 것이다. 너는 복음적인 작가와 강사들을 코치하여 양성하라."

빽빽한 스케줄과 유명세를 좋아하지 마십시오.

외부에 많이 노출될수록 상처도 많이 받습니다. 어떤 일을 시작하기 전에 '성령님, 어떻게 할까요?'라고 물으십시오. 성령님이 '하라'고 지시하시는 일만 하십시오. 성공하려고 너무 애쓰지 마십시오. 모든 꿈과 소원, 성공을 성령님께 완전히 맡기십시오.

나는 성령 안에서 많은 꿈과 소원을 가지고 있습니다. 하지만 그것을 이루기 위해 애쓰지 않습니다. 한 번 기도하고 구한 다음 받았다고 믿고 성령님께 완전히 맡기기 때문입니다. 성령님께 맡기면 성령님이 다 이루십니다. 그리고 오직 내가 달려갈 길만 달려갑니다. 그래서 나는 지금 이 순간이 가장 행복합니다.

너는 30년 동안 한 번도 내게 묻지 않았다

당신은 당신의 달려갈 길을 알고 있습니까?

나도 내가 달려갈 길을 몰라 방황한 적이 많았습니다.

시대마다 사람마다 부르심이 다르고 달려갈 길이 다릅니다.

어떤 사람은 복음 작가로 어떤 사람은 찬양 사역자로, 어떤 사람은 신유 부흥사로, 어떤 사람은 복음 전도자로, 어떤 사람은 해외 선교사로, 어떤 사람은 시골 교회 목회자로, 어떤 사람은 신학교 교수로 부름을 받았습니다. 그렇다면 오직 그 길을 가야 합니다.

어떤 사람은 10년, 20년, 30년, 아니 100년이 지나도 자기의 달려갈 길을 모를 수 있습니다. 죽어라고 엉뚱한 길만 달려가다가 결국에는 불치의 병에 걸려 피를 토하며 쓰러집니다. 병원에서 숨을 거두기 직전에 이렇게 말한다면 얼마나 안타깝고 슬플까요?

"나는 내가 달려가야 할 길을 가지 못했다. 엉뚱한 길을 갔다. 나는 왜 다른 사람처럼 되려고 몸부림을 쳤을까?"

성령님은 한 목사님에게 이렇게 말씀하셨습니다.

"너는 30년 동안 네 길이 아닌 다른 길을 달렸다. 너는 내가 시키지도 않았는데 남들처럼 목회를 했다. 너에게는 목회의 은사가 없다. 나는 너를 복음 전도자로 불렀다."

그 목사님은 흐느껴 울며 이렇게 물었습니다.

"왜 저에게 그것을 알려주시지 않았나요?"

성령님은 충격적인 말씀을 하셨습니다.

"너는 내게 30년 동안 한 번도 달려갈 길에 대해 묻지 않았다."

30년이고 50년이고 묻지 않으면 성령님은 말씀하지 않으십니다.

사람은 존귀하지만 깨달음이 없으면 멸망하는 짐승과 같습니다.

인생의 중대한 문제에 대해 주체이신 성령님께 노골적이고 구체적으로 묻지 않으면 50년, 100년이 지나도 깨달음을 얻지 못하고 계속 그 자리에 머물게 됩니다. 그러면 평생 죽노록 고생만 하고 열매는 하나도 없게 됩니다. 당신은 왜 성령님께 묻지 않습니까?

다른 한 목사님도 이런 경험을 했다고 고백했습니다.

"나는 70년간 다른 사람처럼 되려고만 애썼다. 하나님이 나를 목회자로 부르지 않았는데 목사가 되려고 신학교에 가서 공부하고 수석으로 졸업했다. 목사 안수를 받고 신도시에 가서 교회를 개척해서 성공했고 나중에는 청빙을 받아 대형 교회에 부임했다. 90세가님은 지금에서야 나는 내 길을 발견했다. 나는 하나님께 문서 선교사로 부름을 받았다. 그것을 모르고 외적인 성공만 좇았다."

왜 그런 슬픈 결과가 나왔을까요? 평생을 살면서 계속 남과 비교하며 경쟁했기 때문입니다. 또는 자기 고집대로만 살았거나 남의 밑에서 남이 시킨 대로만 살았기 때문입니다. 이런 사람은 한 번도 자기가 달려가야 할 길에 대해 성령님께 물은 적이 없습니다. 당신은 어떻습니까? 지금이라도 늦지 않았습니다. 공책을 펴고 당신의 달려갈 길에 대해 구체적이고 노골적으로 성령님께 물어야 합니다.

"성령님, 제가 달려갈 길이 무엇입니까?"

그리고 성령님이 주시는 세미한 음성을 받아 적어야 합니다.

이것이 가장 쉽고 빠른 길입니다.

많은 사람들이 성령님께 묻지 않고 스스로 추측합니다.

그리고 점쟁이나 무당, 정치가나 박사들에게 가서 묻습니다.

온 우주에서 가장 지혜로우신 분, 가장 막강하신 분, 가장 경험이 많으신 분은 성령님이십니다. 성령님은 모든 목회자의 선배이시며 모든 왕들과 정치가, 모든 사업가와 학자, 모든 예술가와 천재, 모든 부모와 선생, 모든 기술자와 전문가들의 선배이자 코치이십니다.

성령님은 한 세대의 경험만 갖고 계신 것이 아니라 6천 년의 경험을 갖고 계십니다. 그런 선배이신 성령님과 동업해야 합니다.

사도 바울처럼 성령님께 당신의 길을 물으십시오.

"주님, 무엇을 하리이까?"(행 22:10)

모든 일의 주체이신 성령님께서 그에게 말씀하셨습니다.

"내가 너를 멀리 이방인에게로 보내리라."(행 22:21)

바울은 "내가 너를 이방의 빛으로 삼아 너로 땅 끝까지 구원하게 하리라"(행 13:47)는 주님의 명확한 음성을 들었습니다.

성령님께 묻지 않고 다른 사람처럼 되려고 애쓰지 마십시오.

사도 바울은 직분에 대해 각자 다른 길이 있다고 했습니다.

"하나님이 교회 중에 몇을 세우셨으니 첫째는 사도요 둘째는 선지자요 셋째는 교사요 그 다음은 능력을 행하는 자요 그 다음은 병 고치는 은사와 서로 돕는 것과 다스리는 것과 각종 방언을 말하는 것이라. 다 사도이겠느냐? 다 선지자이겠느냐? 다 교사이겠느냐? 다 능력을 행하는 자이겠느냐? 다 병 고치는 은사를 가진 자이겠느냐? 다 방언을 말하는 자이겠느냐? 다 통역하는 자이겠느냐? 너희는 더욱 큰 은사를 사모하라. 내가 또한 가장 좋은 길을 너희에게 보이리라."(고전 12:28~31)

우리는 더욱 큰 은사를 사모해야 합니다.

"가장 좋은 길"은 '사랑으로 행하는 길'입니다. 우리는 비교와 경쟁, 시기와 질투가 아닌 예수님을 사랑하는 마음으로 그분의 몸 된 교회를 섬기고 세우기 위해 더 큰 은사를 구해야 합니다.

군중에게 영광을 얻기 위해 은사를 구하면 안 됩니다.

당신에게 은사로 주신 직분이 무엇인지 성령님께 물으십시오. 그리고 더 큰 은사가 나타날 때까지 감사하며 계속 그 길을 가십시오.

성령의 은사를 행할 때도 순간마다 성령님께 물으십시오.

"성령님, 어떻게 할까요?"

여호와께 묻지 아니하였으므로 여호와께서 그를 죽이셨다

성령님께 묻지 않고 임의대로 행하지 마십시오.

하나님이 당신에게 특별한 기름 부음을 주셨어도 성령님께 물어야 합니다. 사울 왕은 기름 부음을 받았지만 묻지 않았습니다.

사울 왕이 왜 하나님께 버림받고 비참하게 죽었습니까?

주 여호와께 묻지 않았기 때문입니다.

"사울이 죽은 것은 여호와께 범죄하였기 때문이라. 그가 여호와의 말씀을 지키지 아니하고 또 신접한 자에게 가르치기를 청하고 여호와께 묻지 아니하였으므로 여호와께서 그를 죽이시고 그 나라를 이새의 아들 다윗에게 넘겨주셨더라."(대상 10:13~14)

다윗 왕이 왜 하나님께 쓰임 받고 비옥하게 살았습니까?

주 여호와께 물었기 때문입니다.

"그 후에 다윗이 여호와께 여쭈어 아뢰되 내가 유다 한 성읍으로 올라가리이까 여호와께서 이르시되 올라가라 다윗이 아뢰되 어디로 가리이까 이르시되 헤브론으로 갈지니라."(삼하 2:1)

다윗은 주 여호와께 다시 물었습니다.

"다윗이 여호와께 다시 묻자온대 여호와께서 대답하여 이르시되 일어나 그일라로 내려가라 내가 블레셋 사람들을 네 손에 넘기리라 하신지라."(삼상 23:4)

다윗은 주 여호와께 구체적인 전략을 들었습니다.

"다윗이 여호와께 여쭈니 이르시되 올라가지 말고 그들 뒤로 돌아서 뽕나무 수풀 맞은편에서 그들을 기습하되 뽕나무 꼭대기에서 걸음 걷는 소리가 들리거든 곧 공격하라 그 때에 여호와가 너보다 앞서 나아가서 블레셋 군대를 치리라 하신지라 이에 다윗이 여호와의 명령대로 행하여 블레셋 사람을 쳐서 게바에서 게셀까지 이르니

라."(삼하 5:23~25)

다윗은 전쟁할 때마다 주 여호와께 물었습니다.

"다윗이 여호와께 여쭈어 이르되 내가 블레셋 사람에게로 올라가리이까 여호와께서 그들을 내 손에 넘기시겠나이까 하니 여호와께서 다윗에게 말씀하시되 올라가라 내가 반드시 블레셋 사람을 네 손에 넘기리라 하신지라."(삼하 5:19)

다윗은 처음부터 끝까지 여호와께 물었습니다.

"다윗이 여호와께 묻자와 이르되 내가 이 군대를 추격하면 따라잡겠나이까 하니 여호와께서 그에게 대답하시되 그를 쫓아가라 네가 반드시 따라잡고 도로 찾으리라."(삼상 30:8)

이런 일을 다 적자면 끝도 없이 많습니다. 다윗의 행사가 항상 이러하였고 이로 인해 하나님은 다윗의 인생을 비옥하게 하셨습니다.

다윗에게는 모든 전쟁의 주체가 자신이 아닌 주 여호와였기 때문에 시작과 끝, 모든 과정에 그분께 묻고 또 물었던 것입니다. 그로 인해 다윗은 점점 강성해졌습니다. "만군의 여호와께서 함께 계시니 다윗이 점점 강성하여 가니라."(삼하 5:10)

당신은 지금 어떤 전쟁을 치르고 있습니까?

그 전쟁의 주체는 당신이 아닌 주의 영이십니다.

그러므로 모든 일에 주의 영이신 성령님께 물으십시오.

"성령님, 어떻게 하면 될까요?"

성령님, 어떻게 할까요 . 제 3 부 - 김열방

생수의 강을 따라 오래 기도하라

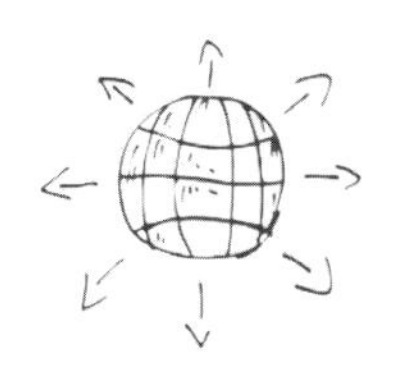

당신은 매일 어떻게 기도하고 있습니까?

나는 매일 생수의 강을 따라 성령님과 함께 기도합니다.

그래서 기도하는 시간이 금방 지나가고 행복하고 즐겁습니다.

기도는 얼마나 오래 해야 할까요? 10분, 1시간, 10시간…….

아들아, 10분만 기도해도 된다

나는 매일 1시간에서 10시간 정도 기도하고 있습니다.

모든 사람이 의무적으로 오래 기도해야 할 필요는 없습니다.

하루에 10분을 하든 10시간을 하든 자유입니다. 한번은 내가 오래 기도해야 한다는 부담을 갖고 밤낮 중얼거리며 술에 취한 듯 계속 기도하고 있을 때 성령님께서 내게 놀라운 말씀을 하셨습니다.

"아들아, 10분 기도하면 어때? 그래도 괜찮다. 기도를 많이 해야 한다는 부담을 갖지 말고 생수의 강을 따라 흘러가듯이 기도하라."

기도에 대한 부담을 갖고 의무적으로 기도하다 보면 몸도 마음도 피곤해집니다. 기도는 노동이 아닙니다. 전쟁도 아닙니다. 기도는 하나님과 대화하는 것이며 사랑의 교제를 나누는 것입니다.

기도는 영혼의 스킨십입니다. 어떤 연인도 의무적으로, 노동이나 전쟁하듯이 힘들게 연애하지 않습니다. 연애는 즐거운 것입니다.

하나님은 우리에게 노동하듯이 기도하라고 하지 않으셨습니다.

하나님은 우리에게 전쟁하듯이 기도하라고 하지 않으셨습니다.

하나님은 우리에게 연애하듯이 기도하라고 하셨습니다.

마음의 짐을 다 내려놓고 생수의 강을 따라 기도해야 합니다.

기도는 내 육체의 힘으로 하는 것이 아닙니다. 그래서 나는 기도하는 동안 공복 상태를 유지하는 편입니다. 일부러 기도하기 위해 음식을 챙겨 먹지는 않습니다. 음식이나 물을 먹으면 자꾸 화장실에 가야하고 그걸 소화시킨다고 위가 계속 일하기 때문에 몸이 힘듭니다. 8시간 정도는 공복 상태여도 건강에 아무 이상이 없습니다.

기도 시간에 육체의 음식을 먹지는 않지만 대신 하늘 양식인 성경 말씀을 펴놓고 읽습니다. 나는 성경을 읽으면서 기도합니다.

성경을 읽는 것은 하나님이 내게 하시는 말씀을 듣는 것입니다.

나는 기도를 통해 하나님께 말씀드리고 성경을 통해 하나님의 말씀을 듣습니다. 그리고 일상에서 선택하고 결정할 때는 "성령님, 어떻게 할까요?"라고 질문하고 그분의 세미한 음성에 귀를 기울입니다. 그러면 성령님께서 내 마음에 이렇게 말씀하십니다.

'아들아, 이렇게 하면 된다.'

나는 소중한 인생을 기도하면서 보낸다

당신은 한번뿐인 소중한 인생을 어떻게 보내고 있습니까?

나는 성령님과 함께 기도하면서 인생을 보내고 있습니다.

나는 하루에 8시간 잠을 자고 8시간 정도 기도하고 8시간 정도 움직이며 일하고 산책합니다. 그렇게 하루 24시간이 지나갑니다.

내 삶은 무척 단순한 편입니다. 하루에 8시간 자고 8시간 일하면 되지 얼마나 더 많이 자고 더 많이 일해야 하겠습니까?

나는 인생의 3분의 1을 기도하는데 보내겠다고 작정했습니다.

사도행전 6장 4절에 보면 사도들의 결심한 내용이 나옵니다.

"우리는 오로지 기도하는 일과 말씀 사역에 힘쓰리라."

당신도 뜻을 정하여 오로지 기도하는 일과 말씀 사역에 힘써 보십시오. 성령님이 당신을 통해 놀라운 일을 행하실 것입니다.

오래 기도하는 것은 인간이 누릴 수 있는 최고의 사치입니다.

인간이 누릴 수 있는 최고의 사치는 수제 구두나 샤넬 백, 메르세데스 벤츠나 최고급 저택, 크루즈 여행이 아닙니다. 시간을 뚝 떼어 하나님께 기도하는 것입니다. 그렇게 오래 기도해서 어떤 결과가 오는지는 내게 그리 중요하지 않습니다. 하나님의 얼굴을 맞대고 그분과 교제를 나눈다는 것 자체가 가장 큰 영광이기 때문입니다.

미국 대통령이나 영국 여왕을 만나 차를 마시며 오래 대화한다고 생각해보십시오. 그분들에게 어떤 선물을 받느냐는 그리 중요하지 않습니다. 그분들을 만나 대화한다는 것 자체가 큰 영광이기 때문입니다. 만왕의 왕이신 하나님과 함께 보내는 시간인 기도의 영광은 모든 사역과 축복의 영광보다 억만 배나 더 큰 가치가 있습니다.

오래 기도하며 시간을 보내는 것은 '거룩한 소비'가 아닙니다. '거룩한 노동'도 아닙니다. '거룩한 저축'도 아닙니다. 소비나 노동이나 저축은 그것을 행함으로 오는 결과를 따집니다. 하지만 기도는 그런 정도가 아닙니다. 기도는 '인간이 누릴 수 있는 최고의 사치'입니다. 사람이 이 땅에 태어나 하나님과 얼굴을 맞대고 대화할 수 있다는 것만큼 영광스러운 일은 없고 '최고의 럭셔리'입니다.

"오늘은 아무것도 한 것이 없네. 기도한다고 시간을 다 보냈어."

그렇지 않습니다. 그렇게 기도한 것이 가장 큰 일을 한 것입니다.

어떤 이는 기도하는 시간이 아깝다고 말합니다.

"기도한다고 그렇게 많은 시간을 보내면 하루가 의미 없이 지나가지 않느냐? 기도하는데 뭉치 시간을 뚝 떼는 것이 너무 아깝지 않느냐? 그 시간에 밖에 나가서 더 많은 사람들을 만나고 더 많은 일을 하고 더 많은 책을 쓰고 더 많은 돈을 버는 것이 낫지 않느냐?"

나는 그들에게 이렇게 대답합니다.

"기도하는데 시간을 보낸 것은 공부하고 책을 쓰고 돈을 벌고 산책하고 여행하고 유명인을 만나고 빌딩을 짓는 것보다 더 가치 있고 귀하다. 기도는 만왕의 왕이신 하나님과 함께 보내는 세상에서 가장 값진 시간이다. 인간이 누릴 수 있는 최고의 사치요 세상의 온갖 금은보화를 다 주고도 바꿀 수 없는 가장 값진 시간이다."

모세는 300만 명의 이스라엘 백성들을 두고 시내산에 올라가 40일간 기도했습니다. 그리고 육체가 소진했을 때 이렇게 구했습니다.

“원컨대 주의 영광을 내게 보이소서.”(출 33:18)

예수님도 성령에 이끌려 40일간 금식하며 기도하셨습니다. 사역하시는 중에도 자기를 찾는 수많은 군중들을 두고 산에 올라가 홀로 기도하셨습니다. 그분은 밤을 새며 기도하셨고 새벽 미명에 기도하셨고 따로 시간을 뚝 떼어 습관을 따라 기도하셨습니다.

우리도 때론 예수님처럼 온 밤을 새워 기도해야 합니다.

나와 아내는 기도하는 시간을 가장 즐겁게 여깁니다.

“내 기도하는 그 시간, 그 때가 가장 즐겁다. 주 세상에서 일찍이 저 요란한 곳 피하여 빈들에서나 산에서 온 밤을 새워 지내사, 주 예수 친히 기도로 큰 본을 보여 주셨네.”(찬송가 482장)

예수님의 유일한 습관은 기도하는 것이었습니다. “예수께서 나가사 ‘습관을 따라’ 감람산에 가시매 제자들도 따라갔더니 그 곳에 이르러 그들에게 이르시되 유혹에 빠지지 않게 기도하라 하시고 그들을 떠나 돌 던질 만큼 가서 무릎을 꿇고 기도하여.”(눅 22:39~41)

당신도 기도하는 습관을 만드십시오. 조금 잘 나간다고 마음이 붕 떠서 엉뚱한 사람들을 만난다고 자꾸 돌아다니며 분주하게 살지 말고 기도 중심으로 생활을 단순화하십시오. 골방에서 기도하십시오. 교회에서 기도하십시오. 차 안에서 기도하십시오. 산책하면서 기도하십시오. 쉬지 말고 기도하십시오. 방언을 많이 말하십시오.

뜻을 정하고 생수의 강을 따라 기도하라

당신은 기도하기 위해 뜻을 정했습니까?

모세도 다니엘도 기도하기 위해 뜻을 정했습니다.

예수님의 제자들도 뜻을 정하고 오래 기도하기 위해 일어나 움직였습니다. 오순절에 성령을 받은 베드로와 요한은 뜻을 정하여 오래 기도하기 위해 성전으로 올라갔습니다. 짧게 한두 마디 기도하려면 꼭 성전에 가지 않아도 집에서나 길을 걸으면서 중얼거리면 되었을 것입니다. 선교 여행을 하던 바울과 실라도 오래 기도하기 위해 기도처를 찾았습니다. 짧게 한두 마디 기도하려면 그렇게 따로 기도처를 찾아다닐 필요가 없었을 것입니다. 어떤 특정한 장소를 찾는 것은 그곳에서 오랜 시간을 보내기 위함입니다.

당신도 매일 기도에 푹 빠질 수 있는 기도처를 정하십시오.

나는 두 군데 기도처가 있습니다. 오전에는 집안 거실에서 찬양을 틀어 놓고 3시간 정도 기도합니다. 내가 기도하는 동안 다른 사람들은 자유롭게 자기 할 일을 합니다. 이것이 우리 가족의 일상입니다. 내가 거실에서 기도하는 동안 아내는 안방에서 성경을 펴놓고 기도합니다. 아내는 아침에 일어나면 기도부터 1시간 정도 하고 하루 일과를 시작합니다. 나는 낮에 책을 쓰고 전도하고 오후에는 교회에 가서 1~4시간 정도 기도하면서 시간을 보내고 해가 질 때쯤에 집에 돌아와서 온 가족이 식사를 합니다. 아내는 가족을 위한 저녁 한 끼를 준비하는 일을 소중하게 생각합니다. 그렇게 저녁 한 끼만 잘 먹어도 가족의 건강에 부족함이 없고 잔이 넘칩니다.

성령님과 함께 기도에 푹 빠지라

당신은 매일 성령님과 함께 기도에 푹 빠집니까?

나는 매일 오전과 오후에 뭉치 시간을 내어 기도에 푹 빠집니다.

주일에도 예배하기 전에 3시간 정도 기도합니다. 예배가 끝나면 집에 와서 점심을 먹고 조금 쉬었다가 다시 교회에 가서 1시간 정도 기도합니다. 그렇게 기도하면 모든 피곤이 사라집니다.

예전에는 주일 예배를 2시간 동안 인도하고 나면 몸이 피곤해서 집에 오면 침대와 소파를 뒹굴며 쉬기만 했는데 그럴수록 내 몸이 더 피곤해지고 괴로운 것이었습니다. 그런 피로와 괴로움이 월, 화, 수요일까지 갔습니다. 목요일이 되어서야 겨우 회복되곤 했는데, 지금은 그것을 해소할 수 있는 방법을 터득했습니다. 무엇일까요?

주일 오후에 다시 교회에 가서 기도하는 것입니다. 방언으로 1~2시간 정도 기도하면서 성령님과 함께 시간을 보내고 나면 모든 피로가 다 사라집니다. 기도는 노동이 아닌 쉼과 회복입니다.

아내는 말했습니다. "당신 얼굴이 피곤하고 지친 모습이 아니야. 환하게 빛이 나네. 신기하게도 기도하니까 피곤이 사라지나 봐."

그렇습니다. 여호와를 앙망하는 자는 새 힘을 얻습니다.

"너는 알지 못하였느냐 듣지 못하였느냐 영원하신 하나님 여호와, 땅 끝까지 창조하신 이는 피곤하지 않으시며 곤비하지 않으시며 명철이 한이 없으시며 피곤한 자에게는 능력을 주시며 무능한 자에게는 힘을 더하시나니 소년이라도 피곤하며 곤비하며 장정이라도 넘어지며 쓰러지되 오직 여호와를 앙망하는 자는 새 힘을 얻으리니 독수리가 날개 치며 올라감 같을 것이요 달음박질하여도 곤비하지 아니하겠고 걸어가도 피곤하지 아니하리로다."(사 40:28~31)

방언으로 기도하면 상쾌함이 온다

당신은 방언의 효력을 아십니까?

방언은 지친 몸과 마음에 상쾌함을 줍니다.

"그러므로 더듬는 입술과 다른 방언으로 그가 이 백성에게 말씀하시리라. 전에 그들에게 이르시기를 이것이 너희 안식이요 이것이 너희 상쾌함이니 너희는 곤비한 자에게 안식을 주라."(사 28:11~12)

"상쾌함"은 '시원함과 거뜬함을 준다'는 뜻입니다. 방언으로 기도하면 곤비한 마음이 시원해지고 피곤한 몸이 거뜬해집니다.

나를 따라 이렇게 또박또박 말해 보십시오.

"방언으로 기도하면 곤비한 마음이 시원해지고 피곤한 몸이 거뜬해진다. 방언은 성령님이 주신 유익하고 좋은 은사다."

옛날에는 주일 예배 사역이나 부흥회 인도를 마치고 집으로 돌아오면 몸이 너무 피곤하고 힘들고 괴로워서 미칠 지경이 되었습니다.

명절 때나 부모님 생신 때도 시골에 다녀오면 운전을 7시간 정도 하기 때문에 여독으로 일주일 정도 몸이 피곤하고 힘들었습니다.

그러면 나는 "이걸 어떻게 풀지?" 하면서 찜질방, 사우나, 온천에 가곤 했습니다. 하지만 지금은 그런 곳에 가지 않습니다. 오직 영의 온천인 기도처를 찾아갑니다. 그곳에서 더듬는 입술과 다른 방언으로 1~2시간 정도 기도합니다. 그러면 지친 몸도 마음도 완전히 회복됩니다. 이제는 주일 오후에도 월요일에도 전혀 피곤하지 않습니다. 당신도 피곤하면 방언으로 오래 기도하십시오.

모든 피곤함이 다 사라질 것입니다.

당신도 하나님께 기도하십시오.

성령님의 음성은 저절로 들려온다

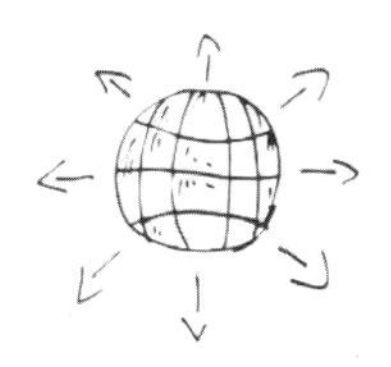

어떤 문제가 생겨도 두려워하지 마라

당신은 지금 어떤 두려움에 사로 잡혀 있습니까?

지금은 '코로나19' 전염병 때문에 많은 사람들이 교회에 가지 않고 집과 차 안에서 영상으로 예배하고 있습니다. 우리는 순교자의 신앙으로 하나님께 예배하는 일에는 변함이 없어야 합니다.

나는 하나님의 은혜로 언제 어디서나 하나님께 예배합니다.

어떤 어려운 일이 있어도 하나님께 감사하며 예배의 자리에 앉아 있습니다. 많은 사람들이 조금만 힘든 일이 생기고 마음이 불안하면 자신을 구원하신 하나님을 향해 원망과 불평을 쏟아 놓습니다.

"하나님, 왜 이렇게 사는 것이 힘듭니까? 제 마음이 주위 사람들과 환경 때문에 괴롭습니다. 게다가 지금은 전염병이 돌아 다들 두려워하고 있습니다. 그러니 저는 하나님께 예배하지 않겠습니다."

그러나 주님은 말씀하십니다.

"아들아, 너의 신앙이 좀 더 성장해야 된다."

"제가 3년, 5년, 10년, 계속 성장해 왔지 않습니까?"

"그래도 더 성장해야 한다. 너는 그 무엇도 두려워하지 않는 순교자의 신앙을 가져라. 오직 나만 두려워하라. 강하고 담대하라."

하나님이 우리에게 원하시는 것은 순교자의 신앙입니다.

예수님이 주위 사람에게 민감한 베드로에게 말씀하셨습니다.

"내가 진실로 진실로 네게 이르노니 네가 젊어서는 스스로 띠 띠고 원하는 곳으로 다녔거니와 늙어서는 네 팔을 벌리리니 남이 네게 띠 띠우고 원하지 아니하는 곳으로 데려가리라. 이 말씀을 하심은 베드로가 어떠한 죽음으로 하나님께 영광을 돌릴 것을 가리키심이러라."(요 21:18~19)

이 말씀을 하시고 베드로에게 이르셨습니다.

"나를 따르라."

베드로가 돌이켜 예수님께서 사랑하시는 요한이 따르는 것을 보았습니다. 그는 만찬석에서 예수의 품에 의지하여 "주님, 주님을 파는 자가 누구입니까?"라고 묻던 자였습니다.

이에 베드로가 그를 보고 예수님께 물었습니다.

"주님, 이 사람은 어떻게 되겠사옵나이까?"

예수님께서 말씀하셨습니다.

"내가 올 때까지 그를 머물게 하고자 할지라도 네게 무슨 상관이냐? 너는 나를 따르라."(요 21:22)

주위 사람이 어떻게 되든 상관 말고 예수님을 따라야 합니다.

하늘이 무너지고 땅이 꺼지더라도 요동하지 말고 마음을 다하고 목숨을 다하고 힘을 다하고 뜻을 다해 예수님을 따르십시오.

교회 가서 예배하는 일을 가장 중요하게 여기라

당신은 지금 몇 살입니까?

열 살이 넘었는데도 주일마다 누군가가 전화하고 차로 태우러 가야 겨우 교회에 나가지 않습니까? 언제까지 그렇게 하겠습니까?

하나님은 당신이 스스로 교회에 가기를 원하십니다. 교회 가는 일에 어떤 사람도 의지하거나 매이지 말고 독립하십시오. 스스로 일어나 준비하고 예배 시간 30분이나 한 시간 전에 일찍 도착하십시오. 일찍 교회에서 가서 하나님께 기도하고 성경을 읽으십시오. 아니면 교회 주변을 혼자 산책하며 성령님과 대화를 나누십시오. 지금은 카페가 많이 생겼습니다. 한 시간 일찍 도착해서 카페에 들어가 성경과 신앙 서적을 보며 성령님과 교제를 나눌 수 있습니다.

나는 어릴 때부터 교회를 다녔습니다. 주일마다 빠지지 않고 교회에 착실히 나가니 내가 중등부 회장으로 선출되었습니다. 그때 중학교 2학년이었는데 교회에서 다른 중학생들을 돌보기 시작했습니다. 그들은 교회에 잘 안 나왔습니다. 그들의 부모님은 신앙이 좋았지만 그들은 지각과 결석을 많이 했습니다.

그래서 매주 토요일만 되면 임원들이 모여서 잠깐 회의하고 합심으로 기도한 다음 다들 공중전화로 가서 전화하는 게 일이었습니다.

"내일 주일인데 꼭 예배하러 나와. 지각하지 마."

그렇게 학생 카드를 들고 한 명씩 모두 전화했습니다. 그것이 회장, 부회장, 총무가 하는 일이었습니다. 나는 중학교 3학년 때 다시 중등부 회장으로 연임되었습니다. 고등학교 1학년 때 고등부 회장이 되었고 2학년 때 또 고등부 회장이 되었습니다. 그렇게 임원을 몇 년 동안 하면서 똑같은 일만 반복했습니다. 토요일 오후에 모여 회의하고 합심으로 기도한 다음 회원들에게 전화 걸고, 주일날 아침에 또 다시 전화 걸었습니다. 그때 나는 이해가 안됐습니다.

'하나님께 나와서 예배하는 가장 귀한 일인데 이걸 왜 매번 전화해서 권해야 겨우 나오는 걸까? 왜 그들은 자기 발로 교회에 걸어 나오지 못하는 걸까? 왜 그들은 예배 시간에 일찍 나오지 못할까?'

주일에 공부하러 간 학생이 있었고, 자격증 시험 치러 간 학생도 있었고, 유원지에 놀러 간 학생도 있었습니다. 왜 그럴까요?

나는 도무지 이해가 안 되었습니다. 왜냐하면 내가 중학교 때부터 가진 신앙이 '순교자의 신앙'이었기 때문입니다. 나는 중 고등학교 때 여기저기 동네에서 열리는 부흥회에 많이 다녔습니다. 그때는 교회마다 봄, 가을로 1년에 두 번 정도 부흥회를 열곤 했습니다.

그러면 강사 목사님이 와서 말씀을 전하고 안수기도도 해주고 뜨겁게 통성기도도 하고 박수치면서 찬송을 부르곤 했습니다. 그 당시에는 교회에서 기독교 영화를 보여줬습니다. 영화 선교회가 있어서 전국 교회를 다니며 영화를 상영했는데 주기철 목사님의 순교하는 모습을 보여주었습니다. 못 판 위를 맨발로 걸어서 발에 구멍이 뚫어지고 발바닥이 쪼개지는 그런 모습을 보여줬습니다. 그리고 요한 계시록 영화도 몇 편 보여줬는데 다 건전한 영화였습니다.

"짐승의 표인 666을 받지 마라."

"예수님의 재림과 휴거를 준비하라."

"어떤 일이 있어도 예수님을 믿는 믿음을 지켜야 한다."

"순교자의 신앙을 가져야 한다."

"주일 성수와 십일조를 꼭 해야 한다."

이런 것이 그때 콱 박혔고 지금까지 강하게 자리 잡고 있습니다.

나는 교회를 다니면서 순교와 종말 영화도 보고, 말씀도 듣고, 뜨겁게 기도하고, 회개하고, 하나님을 향해 목이 터져라 부르짖는 기도를 했지만 다른 학생들도 다들 그렇게 한 게 아니라 몇 명이 그랬습니다. 그들은 순교자의 신앙을 가졌고 나중에 목사와 사모가 되고 선교사가 되었습니다. 주님은 모든 성도가 순교자의 신앙을 가져야 된다고 말씀하십니다. 주님은 미지근한 신앙을 가장 싫어하십니다. 주님께서 우리에게 말씀하십니다.

"네가 죽도록 충성하라."(계 2:10)

우리는 뜨거운 마음으로 목숨을 걸고 주님께 충성해야 합니다.

교회 다니는 사람이라면 누구나 요한복음 3장 16절을 잘 압니다.

"하나님이 세상을 이처럼 사랑하사 독생자를 주셨으니 이는 그를 믿는 자마다 멸망하지 않고 영생을 얻게 하려 하심이라."(요 3:16)

하지만 요한이 기록한 요한계시록 3장 16절도 기억해야 합니다.

"네가 이같이 미지근하여 뜨겁지도 아니하고 차지도 아니하니 내 입에서 너를 토하여 버리리라."(계 3:16)

하루는 주님께서 내게 순교자의 신앙에 대해 모든 성도에게 가르치라고 말씀하셨습니다.

"순교자의 신앙을 가지도록 성도들에게 말씀을 전해라."

뜨거운 가슴으로 예배하러 가라

당신은 누구 때문에 교회를 다닙니까?

나는 어떤 사람의 영향을 받아서, 또는 누가 권했기 때문에 교회 나가고, 누가 뭘 준다고 해서 교회 나가고, 누가 일을 맡긴다고 해서 교회 나가고, 그러지 않았습니다. 나는 순교자의 신앙을 갖고 있기 때문에 주님을 사랑하는 마음으로 교회에 나가서 예배합니다.

그리고 내가 20세에 길을 걷다가 성령을 체험하고 방언을 받고 난 이후로부터는 성령을 좇아 살고 성령님과 함께 예배합니다.

성령님께서 내 안에서 불같이 바람같이 비둘기같이 기름 붓듯이 강력한 권능으로 역사하기 때문에 지금까지 나는 성령을 따라 살았습니다. 참된 그리스도인의 삶은 무엇일까요? 성령에 이끌려 그분의 음성을 듣고 따라가는 것입니다. 그러면 순교자의 신앙을 갖게 됩니다. 주님을 따르되 목숨까지 버리고 따라야 합니다.

예수님께서 따르는 무리에게 말씀하셨습니다. "아무든지 나를 따라오려거든 자기를 부인하고 날마다 제 십자가를 지고 나를 따를 것이니라. 누구든지 제 목숨을 구원하고자 하면 잃을 것이요 누구든지 나를 위하여 제 목숨을 잃으면 구원하리라."(눅 9:23~24)

목숨까지 버리고 주님을 따르는 사람이라면 주일에 교회 갈까 말까, 고민할까요? 빨리 갈까 천천히 갈까, 고민할까요? 또 술 마실 자리에 가서 이 술을 마셔야 되나 말아야 되나, 한 모금만 마셔야 되나 아니면 마신 척하고 버려야 되나, 고민할까요? 담배를 주는 데 받아서 피워야 되나 말아야 되나, 고민할까요? 온갖 죄짓는 일에 갈까 말까, 고민할까요? 고민하지 않습니다. 그런 것은 마음에 순교자의 신앙이 없기 때문입니다. 순교자의 신앙을 가진 사람은 "죽으면 죽으리라"며 아주 단호합니다. 에스더의 신앙이 그랬습니다.

"당신은 가서 수산에 있는 유다인을 다 모으고 나를 위하여 금식하되 밤낮 삼 일을 먹지도 말고 마시지도 마소서. 나도 나의 시녀와 더불어 이렇게 금식한 후에 규례를 어기고 왕에게 나아가리니 죽으면 죽으리이다 하니라."(에 4:16)

신앙 문제는 처음부터 단호해야 한다

신앙 문제에 있어서는 처음부터 단호하게 대처해야 합니다.

내가 군대 갔을 때, 대부분 병사들이 부대에서 배급하는 담배를 받아 처음으로 담배를 배우기 시작하고 또 밤낮 피워 댔습니다.

선임들도 담배를 한 갑 풀어 나눠주면서 피우라고 합니다. 그러면 함께 입에 담배를 물고 피웁니다. 그러나 내게는 달랐습니다. 선임들이 처음부터 "김열방은 예수쟁이야. 예수 믿어. 교회에 다녀. 그러기 때문에 담배 안 피워. 담배 주지 마"라고 말했습니다. 그리고 담배 배급 나오는 것은 행정반에서 현금으로 바꿔 받았습니다. 골초들은 배급 나오는 담배로도 모자라니까 담배를 더 많이 사야 했습니다. 그렇지만 나는 담배를 받아서 피우지 않았습니다.

나는 하나님의 자녀이고 내 몸은 하나님의 성전이기 때문입니다.

"하나님의 성전에 담배 연기를 집어넣을 수 없다."

요즘은 국가에서 담배 피우지 말라고 포장지에다 위암, 폐암, 온갖 암 걸린 사진을 넣는데 정말 너무 흉측해서 보기만 해도 겁이 나고 손이 덜덜 떨릴 정도입니다. 그런 담배를 매일 돈 주고 사서 입에 물고 피우는 사람들이 많습니다. 자기 몸 구석구석에 담배 연기를 집어넣어 온갖 병이 생기게 만드는 것입니다. 그 담배 연기가 혈관을 타고 들어가고 온 신경으로 파고 들어갑니다. 그래서 폐암이 생기고 후두암이 생기고 귀신들이 쉽게 달라붙는 환경을 만들어 주게 됩니다. 예수 믿는 사람은 담배를 피우지 않습니다.

사도 바울은 고린도전서 3장 16절에 "너희는 너희가 하나님의 성전인 것과 하나님의 성령이 너희 안에 계시는 것을 알지 못하느냐? 누구든지 하나님의 성전을 더럽히면 하나님이 그 사람을 멸하시리라. 하나님의 성전은 거룩하니 너희도 그러하니라"고 말했습니다. 고린도전서 6장 19절에는 "너희 몸은 너희가 하나님께로부터 받은 바 너희 가운데 계신 성령의 전인 줄을 알지 못하느냐? 너희는 너희 자신의 것이 아니라 값으로 산 것이 되었으니 그런즉 너희 몸으로 하나님께 영광을 돌리라"고 했습니다. 당신의 몸은 당신의 것이 아니라 하나님이 값 주고 산 것이며 하나님의 것입니다. 그러므로 당신의 몸에 담배를 피워서 연기를 마구 집어넣으면 안 됩니다.

당신의 몸을 깨끗하게 관리하십시오.

술은 보지도 말고 단방에 거절하라

술도 마찬가지입니다. 그 당시 일주일에 한두 번씩 부대에서 회식을 했고 모두에게 술잔을 돌렸습니다. 다 받아 마셔야 됩니다. 선임들이 술을 마시라고 권합니다. 그러나 나는 거절했습니다.

"저는 교회에 다닙니다. 예수 믿습니다. 술 안 마십니다."

처음에 단호하게 거절했습니다. 그러니 그 다음부터는 선임들이 "김열방은 술 주지 마"라고 했습니다. 회식할 때면 "그냥 행정실 지키게 해. 보초 나가게 해"라며 근무를 교체해 주었습니다. 그래서 나는 보초를 많이 섰습니다. 다른 사람들은 회식을 좋아했습니다.

돼지고기 삶은 것에 막걸리를 꿀꺽꿀꺽 마시면 다들 취해서 얼굴이 빨개집니다. 그러나 나는 삶은 돼지고기를 안 좋아할뿐더러 막걸리나 어떤 술도 마시지 않았습니다. 사람들은 쉽게 편의점에 가서 맥주 캔을 사서 마십니다. 맥주도 술입니다. 마시면 안 됩니다.

초등학교 때 맥주가 어떤 맛인가 하고 한 모금 맛본 적은 있는데 지린내 밖에 안 났습니다. 어머니가 그때는 교회를 안 다녔고 동네 아줌마들과 계모임 하면서 막걸리와 맥주 파티를 하곤 했습니다.

아버지가 외국 건축 현장에 일하러 가서 몇 년 동안 안 오시니까 어머니는 외로워서 견딜 수가 없었습니다. 홀로 아들 삼형제 키우면서 날마다 눈물을 흘리셨습니다. 그런 가운데 동네 사람들끼리 계를 모아서 가끔씩 모였습니다. 그때마다 술 파티를 했는데 다들 외로웠나 봅니다. 술에 취해 노래하고 춤을 추며 울곤 했습니다.

그것이 유일하게 마음을 달래는 방법 같았습니다. 그때 나는 손님들이 다 나갈 때 마중 나간 어머니 몰래 막걸리 남은 걸 한 모금 마셔 봤습니다. 쓰기만 하고 별 맛이 없었습니다. 그러다가 어머니는 예수를 믿고 교회에 나가면서 술을 완전히 끊었습니다.

성경은 술을 보지도 말라고 했습니다.

"포도주는 붉고 잔에서 번쩍이며 순하게 내려가나니 너는 그것을 보지도 말지어다."(잠 23:31)

"그러므로 너는 삼가 포도주와 독주를 마시지 말며 어떤 부정한 것도 먹지 말지니라."(삿 13:4)

교회 다니면서 술을 편하게 마시는 사람이 있습니다. 성령을 받고 방언을 말하며 집사와 장로가 되어도 술에 대해 너그럽습니다.

"뭐 술 한 잔 마시면 어때? 캔 맥주는 괜찮아. 음료수야."

그러면서 가족끼리 친구끼리 모여 함께 술을 마십니다.

술을 마시면 온갖 재앙과 분쟁과 원망과 상처가 생깁니다.

"재앙이 뉘게 있느뇨? 근심이 뉘게 있느뇨? 분쟁이 뉘게 있느뇨? 원망이 뉘게 있느뇨? 까닭 없는 상처가 뉘게 있느뇨? 붉은 눈이 뉘게 있느뇨? '술'에 잠긴 자에게 있고 '혼합한 술'을 구하러 다니는 자에게 있느니라. '포도주'는 붉고 잔에서 번쩍이며 순하게 내려가나니 너는 그것을 보지도 말지어다. 그것이 마침내 뱀 같이 물 것이요 독사 같이 쏠 것이며 또 네 눈에는 괴이한 것이 보일 것이요 네 마음은 구부러진 말을 할 것이며 너는 바다 가운데에 누운 자 같을 것이요 돛대 위에 누운 자 같을 것이며 네가 스스로 말하기를 사람이 나를 때려도 나는 아프지 아니하고 나를 상하게 하여도 내게 감각이 없도다. 내가 언제나 깰까 다시 술을 찾겠다 하리라."(잠 23:29~35)

위의 구절을 자세히 읽어보십시오. 분명히 "너는 그것을 보지도 말지어다"라고 했습니다. 술과 혼합한 술, 포도주를 보지도 마세요.

술을 보면 그 술이 손짓하며 당신의 마음을 미혹합니다.

당신의 몸은 하나님의 성전이기 때문에 술을 넣으면 안 됩니다.

캔 맥주 정도는 괜찮다고요? 맥주도 국가에서 술로 규정하고 있습니다. 맥주 한 캔 마셔도 알코올 측정하면 나오고 음주운전으로 걸립니다. 와인도 마시면 안 됩니다. 어떤 이는 건강을 위해서 포도

주를 마신다고 하는데 몇 잔 마시면 포도주가 그 사람을 자꾸 유혹합니다. 포도즙은 괜찮지만 발효시킨 포도주는 마시면 안 됩니다.

사람들은 포도주를 마시고 좀 취하자고 말합니다.

"내 생일인데, 결혼기념일인데 포도주 한 잔 마시면 어때?"라고 말합니다. 그러나 포도주는 마시면 안 됩니다. 포도주는 술입니다.

포도즙은 괜찮습니다. 교회에서 성찬식 할 때는 포도주를 마시라며 나눠 주는데 그것은 알코올이 없는 것입니다. 포도주를 사서 주전자에 넣고 끓이면 알코올이 다 날아가고 즙만 남는데 그걸 주는 것입니다. 발효된 것을 주는 게 아닙니다. 포도주는 우리의 죄를 위해 예수님께서 피 흘리신 것을 기념하는 것입니다. 그것을 받을 때마다 우리는 "예수의 피로 내 모든 죄를 씻음 받았습니다. 주님의 보혈의 은혜에 억만 번이나 감사합니다"라는 믿음으로 마셔야 합니다. 포도주를 받아 마시는 사람은 이런 믿음을 가져야 합니다.

"나는 그리스도 안에서 의인이다. 나는 그리스도 안에서 더 이상 정죄 당하지 않는다. 나는 그리스도 안에서 담대하다. 나는 그리스도 안에서 새로운 피조물 곧 하나님의 자녀가 되었다."

성찬식은 이것을 기념하는 것입니다.

그리고 떡을 떼어 먹는 것은 "예수님이 내 대신 채찍에 맞음으로 내 모든 병과 연약한 것을 다 짊어지셨어. 그러므로 나는 더 이상 병들지 않는다. 연약하지 않다. 나는 고침 받았다. 다 나았다. 나는 튼튼하다"고 날마다 입술로 고백하는 믿음을 말합니다. 당신도 습관을 따라 예수의 피와 예수의 살을 입술로 고백하기 바랍니다.

당신의 모든 병은 다 나았습니다.

입술로 술을 마시지 말고 기도하고 찬송하라

당신의 입술은 술을 마시라고 주신 것이 아닙니다.

기도하고 찬송의 제사를 하나님께 드리라고 주신 것입니다.

히브리서 13장 15절에 "그러므로 우리는 예수로 말미암아 항상 찬송의 제사를 하나님께 드리자. 이는 그 이름을 증언하는 입술의 열매니라"고 했습니다. 나는 찬송의 제사를 하나님께 드립니다.

나는 성령 충만하기 때문에 하루 종일 입에서 중얼거리며 찬송이 나옵니다. 우리의 입술로 하나님의 은혜를 찬송하며 믿음을 고백하는 것이 하나님이 가장 기뻐하시는 값진 제사입니다.

"입술의 제사를 지낸다"고 할 때 그 의미는 예수의 피와 살을 입으로 고백하는 것을 말합니다. 예수의 피는 "내 죄가 사함 받았습니다"라고 고백하는 것이며 예수의 살은 "내 병이 고침 받았습니다"라고 고백하는 것입니다. 그럴 때 모든 병과 연약함이 사라집니다.

나는 요즘 침대에서 자고 깨고 하면서 느끼는 게 있습니다.

예전에 이유 없이 목 근육과 어깨가 심하게 아팠습니다. 팔도 제대로 들지 못하고 허리도 많이 아팠는데 어느 순간 그런 통증들이 다 사라졌다는 것입니다. 지금 나는 몇 시간 동안 기도해서 목이 좀 쉬긴 했지만 조금 지나면 원래대로 다시 돌아옵니다.

아픈 내 목이 영원히 안 나을 줄 알았습니다. 어깨 아픈 것과 허리 아픈 것도 영원히 안 나을 줄 알았습니다. 위장이 나쁜 것도 영원히 안 나을 줄 알았습니다. 이 모두를 평생 가져가야 한다고 생각했는데 병 낫기를 위해 기도하는 순간 다 나았습니다.

예수님이 우리의 연약함을 다 짊어지셨고 우리의 질병을 다 담당하셨습니다. 그러므로 우리 몸에 있는 모든 병과 모든 약한 것이 예수 그리스도의 살을 기념하는 성찬식의 믿음을 통해 낫습니다. "예수 그리스도가 채찍에 맞음으로 나음을 입었다"고 말하는 순간 기적이 일어납니다. 그러므로 습관을 따라 이렇게 말해야 합니다.

"나는 나았다. 나는 건강하다."

"나는 튼튼하다, 나는 튼튼하다"라고 말하면 자고 깨고 하는 동안 어느 순간 모든 병과 연약한 것이 다 떠나게 됩니다.

피곤하다는 말을 하지 마라

당신은 입술에 피곤하다는 말을 달고 살지 않습니까?

나는 하나님이 주신 입술로 피곤하다는 말을 하지 않습니다.

나는 오늘도 두 시간 반 정도 산책했습니다. 집에서 나가 올림픽공원을 한 바퀴 돌았습니다. 바깥쪽으로 돌아 집에까지 오는데 두 시간이 넘게 걸렸습니다. 놀라운 것은 그렇게 산책하는 동안 한 번도 벤치에 앉아서 쉬지 않았다는 것입니다. 계속 걸었습니다.

이것은 무엇을 말할까요? 내 몸이 매우 건강해졌다는 것입니다.

아무리 걸어도 피곤을 못 느끼는 튼튼한 몸이 되었습니다.

당신이 피곤치 않고 곤비치 않는 것이 하나님의 뜻입니다.

"아, 나는 피곤해. 곤비해."

그런 말을 제발 하지 말기 바랍니다.

20대에 건강할 때 나는 "피곤해, 곤비해"라는 말을 안 했습니다.

아내가 한 번씩 "아, 피곤해"라고 말하면 나는 정색하면서 "제발 그런 말하지 마세요"라고 부탁했습니다. 아기를 가졌을 때도 "만삭이어서 피곤하다"고 하면 나는 "그런 말하지 마세요"라고 했습니다. 또 잠을 제대로 못 자 아침에 일어나서 "아, 피곤해"라고 하면 나는 "그런 말하지 마세요. 이사야 40장 31절에 '오직 여호와를 앙망하는 자는 새 힘을 얻으리니 독수리가 날개 치며 올라감 같을 것이요 달음박질하여도 곤비하지 아니하겠고 걸어가도 피곤하지 아니하리로다'라고 했으니 항상 새 힘이 넘친다고만 말하세요."

그러면 아내는 자기를 이해하지 못한다고 힘들어했습니다.

"나는 아기를 가져 9개월이나 되었어. 피곤하단 말이야. 어젯밤에도 잠을 제대로 못 잤어. 큰애들 옷 빨래 다 하고 집안 청소까지 끝내니까 새벽 3시였어. 그때 겨우 잤어. 나 곤비하단 말이야."

"그래도 제발 그런 말은 하지 마세요."

처음에 좀 부딪쳤습니다. 근데 지금은 아내가 한 번도 그런 말을 안 합니다. 대신 반대로 "아, 새 힘이 넘쳐. 안 피곤해. 이제는 독수리가 날개 치며 올라감 같은 새 힘이 넘쳐"라고 말합니다. 그렇게 말하니까 신기하게 날이 갈수록 힘이 더 넘친다고 했습니다.

우리 인생은 생각한 대로 다 되지 않지만 말한 대로 다 됩니다.

"사람은 입에서 나오는 열매로 말미암아 배부르게 되나니 곧 그의 입술에서 나는 것으로 말미암아 만족하게 되느니라."(잠 18:20)

하나님은 당신이 입술의 열매를 창조하시는 분입니다.

"입술의 열매를 창조하는 자 여호와가 말하노라. 먼 데 있는 자에게든지 가까운 데 있는 자에게든지 평강이 있을지어다. 평강이 있을지어다. 내가 그를 고치리라 하셨느니라."(사 57:19)

하나님은 수송아지보다 입술의 열매를 더 좋아하십니다.

"너는 말씀을 가지고 여호와께로 돌아와서 아뢰기를, 모든 불의를 제거하시고 선한 바를 받으소서. 우리가 수송아지를 대신하여 입술의 열매를 주께 드리리이다."(호 14:2)

그러므로 당신은 절대로 "피곤해, 곤비해, 지쳤어. 아, 힘들어"라는 말을 하지 말고 항상 "새 힘이 넘친다"고 말해야 합니다.

순교자의 신앙을 가진 사람은 피곤하지 않고 곤비하지 않습니다.

아무리 채찍으로 등을 수십 차례 때려도, 아무리 주먹으로 얼굴을 쥐어박고 이마에 침을 뱉어도, 아무리 발로 차고 온갖 조롱을 해도, 순교자의 신앙을 가진 사람은 그 속에 죽었다 부활하신 예수의 영 곧 성령님이 가득히 들어와 계시기 때문에 생글생글 웃습니다. 당신도 생글생글 웃기 바랍니다. 그러면 박해자들이 열 받아서 더 화를 내며 심하게 괴롭히겠지요. 그래도 생글생글 웃으세요. 예수 믿는 사람은 주먹으로 맞아도 생글생글 웃고, 뺨을 맞아도 생글생글 웃고, 발에 차여도 생글생글 웃고, 항상 기뻐합니다. 항상 기뻐하세요. 이러한 순교자의 신앙을 가지는 것이 어떻게 가능할까요?

'얼대모도의 삶'에 있습니다. 성령님의 얼굴을 보고 성령님과 대화를 나누고 성령님을 모시고 다니고 성령님께 도움을 구하면 됩니다. 여기에 대해 자세히 알고 싶으면 내가 쓴 〈성령님과 친밀하게 교제하는 법〉을 구입해서 여러 번 읽으면 됩니다.

순교하면 빨리 천국 가니 좋다고 생각하라

당신은 죽음이 두렵지 않습니까?

예수 믿는 사람은 죽음을 두려워할 필요가 없습니다.

빨리 죽으면 빨리 천국에 가니 더 행복하고 좋은 일입니다.

사도 베드로는 복음을 전하다가 옥에 갇혔습니다. 그때 헤롯왕이 손을 들어 교회 중에 몇 사람을 해하려고 결심했고 요한의 형제 야고보를 칼로 쳐 죽였습니다. 예수를 믿었는데 칼에 맞아 죽을 수도 있습니다. 빨리 죽으면 빨리 천국에 가니 더 기쁘고 감사한 일입니다. 예수님 때문에 죽는다면 그 죽음까지도 기뻐하십시오.

유대인들이 이 일을 기뻐하는 것을 보고 베드로도 잡아서 감옥에 쳐 넣고 죽이려고 했습니다. 그런데 무교절 기간이어서 잡으면 소동이 일어날까 봐 헤롯왕이 베드로를 잡아 옥에 가두라고 지시했습니다. 군인 네 명씩 해서 네 패에게 맡겨 지키게 했습니다.

유월절 후에 백성 앞에 끌어내어 죽이려고 했습니다.

베드로는 옥에 갇혔고 교회는 그를 위하여 간절히 하나님께 기도했습니다. 헤롯이 잡아내려고 하는 그 전날 밤에 베드로가 두 군인 틈에서 두 쇠사슬에 매여 누워 자는데 파수꾼들이 문 밖에서 옥을 지키고 있었습니다. 그때 홀연히 주의 사자가 나타났습니다. 옥중에 광채가 빛났고 천사는 베드로의 옆구리를 쳐 깨우며 말했습니다.

"급히 일어나세요."

쇠사슬이 그의 손에서 벗겨졌습니다. 천사가 말했습니다.

"띠를 띠고 신을 신으세요."

베드로가 그대로 했습니다. 또 천사가 말했습니다.

"겉옷을 입고 따라오세요."

베드로가 나와서 천사를 따라갔습니다. 천사가 앞서 가는 것이 생시인지 알지 못하고 베드로는 '내가 꿈을 꾸나? 환상을 보나?' 하고 생각했습니다. 이에 첫째와 둘째 파수를 지나 시내로 통한 쇠문에 이르렀는데 문이 저절로 철커덩 열렸습니다. 나와서 한 거리를 지나자 천사가 곧 떠났고 이에 베드로가 정신이 들어 말했습니다.

"내가 이제야 참으로 주께서 그의 천사를 보내어 나를 헤롯의 손과 유대 백성의 모든 기대에서 벗어나게 하신 줄 알겠다."

베드로는 마가라는 요한의 어머니 마리아의 집에 갔습니다.

여러 사람이 거기에 모여 기도하고 있었습니다. 베드로가 대문을 두드렸습니다. 그러자 '로데'라는 여자아이가 나와서 영접했습니다.

그는 베드로의 음성인 줄 알고 기뻐하며 문을 미처 열지 못하고 달려 들어가 말했습니다. "베드로가 대문밖에 서 있어요."

그러자 그들은 "네가 미쳤구나"라고 말했습니다.

여자 아이는 더욱 힘써 말했습니다. "참말이에요. 베드로가 문밖 앞에 서 있어요. 그의 목소리가 분명해요."

"아니야. 만약 그렇다면 아마도 그의 천사일 거야."

자기들이 기도한 것에 대한 응답이 왔는데 반응은 부정적이었습니다. 당신도 그런 적이 있지 않았나요?

문이 열릴 때까지 계속 두드려라

베드로는 문 두드리기를 그치지 않았습니다. 계속 두드렸습니다.

두드리고 두드리고 두드리고 두드리고 두드리고 두드리고 두드리고 두드리고 두드리고 두드리고 계속 두드렸습니다. 베드로는 적극적인 사람입니다. 믿음의 사람입니다. 지치지 않았습니다. 쉬지 않았습니다. 포기하지 않았습니다. 계속 두드렸습니다. 언제까지요. 문이 열릴 때까지입니다. 당신도 문이 열릴 때까지 두드려야 합니다. "문을 두드리라. 그리하면 너희에게 열릴 것이다."(마 7:7)

그들이 문을 열어 베드로를 보고 놀랐습니다.

베드로가 그들에게 손짓하며 조용히 하라고 했습니다. 그리고 주께서 자기를 이끌어 옥에서 나오게 한 일을 자세히 말했고 또 야고보와 형제들에게 이 말을 전하라 하고 떠나 다른 곳으로 갔습니다.

베드로는 성령을 받고 말씀을 전파했습니다. 그런데 헤롯왕이 베드로를 잡아 죽이려고 했습니다. 우리가 하나님의 말씀을 전파하는데 세상 왕들은 그것을 싫어합니다. 왜냐고요? 하나님 말씀을 듣고 그 말씀을 따라 국민들이 움직이니까요. 국민들이 정부의 말을 듣고 정부의 말을 따라 움직여야 되는데 그렇지 않기 때문입니다.

당신은 창조주 하나님을 바라보며 자족해야 합니다.

교회나 정부를 의지하지 말고 하나님을 의지해야 합니다.

어떤 이는 밤낮 투덜거리며 이렇게 말합니다.

"내가 배고플 때 교회가 나에게 뭘 해줬나? 내가 힘들 때 교회가 나에게 뭘 해줬나?"라고 말합니다. 그러면서 "정부는 내게 전철 표도 주었고 쌀도 주었고 옷도 주었고 마스크도 갖다 줬어."

그들은 재물 얻을 능력을 주신 하나님을 바라보지 않고 정부를 더 의지합니다. 나라를 다스리는 왕과 관원들이 정말 하나님을 경외하는지 상관하지 않고 자기에게 전철 표 한 장 더 주고 쌀 한 봉지와 라면 한 개 더 주면 좋아하고 그들이 표를 달라면 찍어 줍니다.

지도자를 선출할 때 무엇이 중요할까요? 백인이냐 흑인이냐가 중요한 게 아닙니다. 키가 크냐 작냐가 중요한 게 아닙니다. 공부를 많이 했느냐 적게 했느냐가 중요한 게 아닙니다. 잘생겼냐 못생겼냐가 중요한 게 아닙니다. 하나님을 경외하는 중심이 가장 중요합니다. 원래 이 세상은 하나님이 다스리는 나라였습니다.

우리는 이 나라가 편안하기를 위해 기도해야 될 것이며, 하나님을 두려워하는 사람이 대통령이 되도록 기도해야 합니다. "하나님을 두려워한다"는 것을 쉽게 말하면 그분을 무서워한다는 말입니다. 하나님이 무서운 분인 줄 모르고 설치면 벌레에게 먹혀 죽습니다. "헤롯이 영광을 하나님께로 돌리지 아니하므로 주의 사자가 곧 치니 벌레에게 먹혀 죽으니라."(행 12:23)

하나님을 두려워해야 합니다. "두려워한다. 경외한다"는 말의 의미를 가볍게 여기면 안 됩니다. 단순히 '하나님이 크신 분이고 창조주 하나님이니까 존중해 드려야 해. 안 그러면 섭섭해 하실 거야'라고 생각할지 모르지만 하나님은 실제로 크고 두려운 분입니다.

하나님이 한 번 진노하시면 온 천지가 떨게 되고 한 번에 수십만 명이 죽을 수도 있습니다. 하나님이 진노하시면 전염병으로 셀 수 없는 사람들이 한 번에 쓰러져 죽기도 합니다. 하나님은 우리가 존중해 드려야 할 분이기도 하지만 실제로 무서운 분입니다.

하나님은 실제로 세상을 심판하시는 분입니다.

어떤 이는 말합니다. "지금은 은혜의 시대야. 심판은 절대로 없어. 그러니 구약에서 말하는 심판하시는 하나님을 가르치면 안 돼."

그러나 하나님은 신약만 아닌 모든 성경으로 말씀하십니다.

"모든 성경은 하나님의 감동으로 된 것으로 교훈과 책망과 바르게 함과 의로 교육하기에 유익하니 이는 하나님의 사람으로 온전하게 하며 모든 선한 일을 행할 능력을 갖추게 하려 함이라."(딤후

3:16~17)

구약도 하나님의 말씀이고 신약도 하나님의 말씀입니다.

하나님은 어제나 오늘이나 영원토록 동일하게 무서운 하나님이십니다. 그런데 어떤 사람은 그런 하나님과 친합니다. 그렇습니다. 하나님을 두려워하는 사람에게는 하나님의 친밀함이 있습니다. "여호와의 친밀하심이 그를 경외하는 자들에게 있음이여, 그의 언약을 그들에게 보이시리로다"(시 25:14)라고 말씀했기 때문입니다.

당신도 하나님이 무서운 분인 줄 알고 그분을 두려워해야 합니다. 하나님이 심판하시는 주인 줄 알고 그분을 두려워해야 합니다.

하나님이 칼을 갖고 계신 줄 알고 그분을 두려워하고 존중할 때 하나님이 우리와 친밀하게 사귀어 주시는 것입니다. 그분이 성령으로 우리 안에 우리와 함께 계신다고 경외하는 마음을 잊으면 안 됩니다. 그분이 전능하신 하나님이심을 알고 항상 존중해야 합니다.

"크고 두려운 하나님이 너희 중에 계심이니라."(신 7:21)

목회자를 존경하고 두려워하라

당신은 목회자를 존경하고 두려워합니까?

성도들은 목회자를 존경하고 두려워해야 그와의 친밀함이 있습니다. 우리 교회 성도들은 담임목사인 나를 존경하고 두려워합니다.

"김열방 목사님은 하나님이 기름 부은 종이야. 교회에 세운 대표야"라며 나를 존경하며 두려워 할 때 나와의 친밀함이 있게 됩니다.

자녀는 아버지를 두려워할 때 아버지와의 친밀함이 있습니다.

하나님이 세운 모든 권위와 질서를 존중해야 합니다.

하나님은 무서운 분입니다. 하나님이 한 번 손가락으로 탁 치니까 헤롯왕은 그 자리에서 벌레가 먹어 쓰러져 죽었습니다. 그는 칼을 들고 야고보를 쳐 죽였습니다. 베드로로 죽이고 유대인들을 기쁘게 하려고 계획했습니다. 자기가 왕이니까 다 가진 줄 착각을 했습니다. 오늘날도 국회의원이나 장관들 중에 자기가 조금 높아지면 다 가진 줄로 착각하는 사람이 있습니다. "내 말 한마디면 다 끝나"라고 하지만 하나님은 "웃기지 마라. 내가 오늘 밤에라도 훅 불어버리면 네 호흡이 사라지고 너는 벌레 먹어 죽는다"고 하십니다.

손에 수백억이 있어도 교만해지지 마라

당신은 수중에 얼마의 돈을 갖고 있습니까?

한 청년이 부자 아버지한테 150억 원을 물려받았습니다.

지금이면 한 500~1000억 정도 되는 큰돈입니다. 그 돈을 받아 미국에 가서 5천 평의 넓은 땅과 저택을 사서 날마다 잔치를 벌였습니다. 너도나도 불러 모아 춤추며 노래를 불렀습니다.

"나는 돈이 많다. 재벌 2세다."

사람들에게 자랑하고 떠벌였습니다. 그런 중에 모르는 분야에 사업을 시도했다가 한순간에 망하고 1금융권, 2금융권, 사채까지 끌어다 쓰면서 순식간에 빚더미에 앉게 되었습니다. 채주들이 와서 죽인다고 협박하며 당장 돈을 갚으라고 했습니다. 아내와도 이혼해야 했습니다. "하나님이 어디 계시냐? 돈 많은 내가 최고다. 가장 힘이 세다"며 고함치던 사람이 한순간에 거지가 되고 말았습니다. 하나님은 그를 낮추고 또 낮추셨습니다. 그는 한국으로 돌아와 찜질방과 고시원을 거쳐 지금은 지인의 도움으로 원룸에서 살며 한 개척 교회의 청소 일을 맡아 하고 있습니다. 마음이 낮아지고 겸손해진 그는 "지금이 오히려 마음이 편하고 행복하다"고 고백했습니다. 그가 돈이 있을 때 마음을 낮추고 겸손했더라면 얼마나 좋았을까요? 사도 바울은 믿음의 아들 디모데에게 이렇게 말했습니다.

"네가 이 세대에서 부한 자들을 명하여 마음을 높이지 말고 정함이 없는 재물에 소망을 두지 말고 오직 우리에게 모든 것을 후히 주사 누리게 하시는 하나님께 두며 선을 행하고 선한 사업을 많이 하고 나누어 주기를 좋아하며 너그러운 자가 되게 하라."(딤전 6:17~18)

돈이 있다고 마음을 높이면 안 됩니다.

돈은 힘을 상징합니다. 돈이 있으면 뭔가 할 수 있는 힘이 생깁니다. "나는 힘이 없어요"라고 말하면 돈이 없다는 말도 포함된 것입니다. 사람들은 돈이 좀 생기면 자기가 큰 힘을 가진 줄로 착각합니다. 돈은 정함이 없습니다. 오늘 있다가 내일 없기도 합니다.

돈이 있다고 교만해지지 말고 겸손히 하나님을 섬겨야 합니다.

창조주 하나님은 모든 공급의 원천이십니다. 그분은 당신에게 하루 만에 100억도 줄 수도 있고 하루 만에 100억이 날아가게 할 수도 있고, 하루 만에 100억의 빚을 지게 할 수도 있습니다. 그 배우는 하나님이 두려운 분인 줄 알고 겸손해졌습니다. 그러면 그 사람이 거지일까요? 아닙니다. 500억 재산을 다 잃어도 하나님을 경외하는 마음을 가졌으면 현상과 상관없이 억만장자인 것입니다.

하나님의 말씀에 "여호와를 경외하는 것이 너희의 보배다"(사

33:6)라고 했기 때문에 그가 원룸에 살고 한 달에 몇 만 원의 생활비로 살아도 하나님을 경외하는 마음을 가졌다면 억만장자입니다.

내가 그렇습니다. 나는 보증금 300만 원에 월세 30만 원을 내며 아내와 함께 네 명의 자녀를 키우며 지하에 살았지만 그래도 주위 사람들은 다들 내가 억만장자인 줄 알았다고 했습니다. 내가 하나님을 경외하는 마음으로 그분의 말씀대로 살며 부요 믿음으로 생각하고 말하고 행동했기 때문입니다. 결국 나는 백배, 천배의, 복을 받아 실제로 부요해졌습니다. 나를 따라 이렇게 말해 보십시오.

"여호와를 경외하는 것이 나의 보배다. 하나님을 경외하는 나는 현상과 상관없이 그리스도 안에서 억만장자다. 나는 부요하다."

당신이 여호와를 경외하고 있다면 비록 지금 원룸에 살고 있어도 빌 게이츠, 손정의, 이건희 회장보다 더 큰 억만장자입니다.

당신을 억만 번이나 축복합니다.

여호와를 경외하는 마음이 금보다 귀하다

당신에게는 큰 꿈과 수많은 소원이 있을 것입니다.

120가지 꿈과 소원 목록을 적어 그것이 다 이루어지면 진정한 억만장자일까요? 당신이 원하는 넓은 집에 살게 되고, 당신이 원하는 멋진 차를 갖게 되고, 당신이 원하는 아름다운 옷을 입게 되고, 당신이 원하는 예쁜 신발을 신게 되고, 당신이 원하는 고급 시계를 차게 되고, 당신이 원하는 세계 여행을 가게 되고, 당신이 원하는 일류대학교에 입학하고, 당신이 원하는 매력적인 사람과 결혼하고,

그 모든 걸 가지면 과연 진정한 억만장자가 된 걸까요? 아닙니다.

여호와를 경외하는 마음을 가져야 진정한 억만장자입니다. "모든 꿈과 소원이 다 이루어져서 난 행복해요" 하면서 교회를 떠나거나 하나님을 경외하지 않으면 그 사람은 거지인 것입니다. "지금 나 잘 나간다"며 교만을 떨지만 하루아침에 다 잃을 수 있습니다. 사람은 아무것도 아닙니다. 코를 막고 5분만 있으면 다 죽습니다. "인생의 호흡은 코에 있나니 셈할 가치가 어디 있느냐?"(사 2:22)

창조주 하나님이 당신에게 말씀하십니다.

"너희 생명이 코의 호흡에 있다. 너희는 아무것도 아니다. 잠깐 있다가 사라지는 안개와 같다. 항상 겸손하고 나를 경외하라."

재물이 있는 사람은 그 재물을 소중히 여기며 잘 관리하고 굴려서 더 많은 것을 얻어 누리기 바랍니다. 그러나 재물에 소망을 두지 말고 후히 주사 누리게 하시는 하나님께 소망을 두어야 합니다. 남편이 있는 사람은 남편과 함께 잠자리에 들고 남편과 함께 산책하고 남편과 함께 차를 마시고 남편과 함께 요리해서 먹고 남편과 함께 TV보고 영화보고 하세요. 좋아요. 그러나 남편에게 소망을 두지 말고 남편을 주사 누리게 하시는 하나님께 소망을 두길 바랍니다.

집이든, 차든, 옷이든, 돈이든, 또는 친구든, 남편이든, 그것에 소망을 두지 마십시오. 당신에게 하나님이 무엇을 주셨습니까? 그걸 소중하게 생각하고 잘 관리하며 누리세요. 억만 번이나 좋아하고 감사하세요. 그러나 마음의 소망은 오직 하나님께 두기 바랍니다. 나는 아침에 눈을 뜨면 내 앞에 계신 주님께 이렇게 말씀드립니다.

"성령님, 사랑합니다. 제 소망은 하나님께 있습니다."

돈, 권세, 명예, 건물, 학벌, 숫자, 거기에 우리의 소망이 있는 것이 아닙니다. 하나님을 경외하는 믿음이 가장 중요합니다.

수많은 사람들이 교회에 다닙니다. 당신은 왜 교회에 다닙니까?

혹시 당신의 꿈과 소원을 이루기 위해 다니지 않습니까? 복을 받기 위해 다니지 않습니까? 기도 응답 받기 위해 다니지 않습니까?

맞습니다. 하나님은 우리의 꿈과 소원을 다 이루어 주십니다.

우리에게 크고 작은 수많은 복을 주시고 우리의 모든 기도에 응답해 주십니다. 그러나 그 무엇보다 더 중요한 것이 있습니다.

바로 '하나님을 경외하는 중심'입니다.

목숨 걸고 하나님을 경외하라

당신은 목숨을 걸고 하나님을 경외하십니까?

나는 목숨을 걸고 하나님을 경외합니다. 이것은 힘으로 능으로 되지 않습니다. 오직 여호와의 영으로 됩니다. 성령님은 나로 하여금 순교하게 하시는 분입니다. 당신도 성령님과 함께 목숨 걸고 예수 이름을 믿는 순교자의 신앙을 가지기 바랍니다.

예수 이름이 나의 가장 큰 재산입니다. 다른 모든 것은 하나님이 후히 주셔서 누리게 하시는 작은 복록들에 불과합니다. 그 작은 것들이 당신의 '금보다 귀한 믿음'을 흔들게 하면 안 됩니다.

주일에 예배하러 가려고 하는데 친구한테 전화가 옵니다. 그러면 친구한테 뛰어갑니다. 주일에 예배하러 가려고 하는데 시어머니에게 전화가 옵니다. 그러면 시어머니에게 뛰어갑니다. 그건 하나님을 경외하는 믿음이 아닙니다. 가볍게 거절하고 예배하러 가야 합니다. 지금 한국과 세계가 코로나 전염병으로 힘들어 하고 있습니다. 그렇다고 예배하는 일에 있어 뒤로 물러가면 안 됩니다. 뱀처럼 지혜롭게 예배하기 위해 의자를 한 줄씩 띄워 앉을 수 있습니다.

예배 시간을 좀 당길 수도 있고 늦출 수도 있습니다.

'거리 두기'를 해야 하므로 한 번에 많은 사람들이 참석할 수 없으니까 예배 횟수를 늘릴 수도 있습니다. 1부 예배를 드리다가 2부, 3부, 4부, 5부 예배를 드릴 수도 있습니다. 그런 건 괜찮습니다.

하지만 하나님께 예배하는 것 자체는 타협하면 안 됩니다.

초대교회는 카타콤이라는 동굴 속에서 예배했습니다. 그 속에서 찬송을 크게 못 불러 작게 부르는데 그 찬송 소리가 온 동굴에 퍼져 나갑니다. 작게 찬송해도 거기에 성령의 기름 부음이 있습니다.

악기도 소리가 멀리 나갑니다. 노래 불러도 멀리까지 소리가 나갑니다. 그래도 초대교회는 어떻게든 예배했습니다. 카타콤 지하 동굴을 미로처럼 깊게 파서 그 속에 들어가 하나님께 예배했습니다.

오늘날 우리가 이렇게 자유롭게 예배할 수 있다는 것이 얼마나 큰 복인지 기억해야 합니다. 북한에도 지하 교회가 있습니다. 지하 교인이 그리 많지 않고 25,000명 정도 밖에 안 됩니다. 사람들은 엄청 많은 지하 교회와 지하 교인들이 있는 줄로 잘못 알고 있습니다. 북한은 김정은이 신(神)입니다. 그러므로 하나님을 믿는다고 하면 다 잡아 죽입니다. 성경책을 갖고 있다가 들키면 감방에 갑니다.

지금 코로나 때문에 전 세계가 고통을 겪고 있는데 그들은 "우리 북한에는 코로나에 걸린 사람이 없다"고 말합니다. 그러면서 북한 지도자들이 다 마스크 쓰고 다닙니다. 북한에서 김정은은 마스크 안 쓰고 다닙니다. 거기는 코로나 걸리면 알아서 처리하지 그걸 조사해서 확진자가 몇 명 나왔다고 발표하지 않습니다. 우리는 하나님을 신으로 섬기는 자들이지 헤롯왕을 신으로 섬기는 자들이 아닙니다. 성경은 위정자들의 구원을 위해 기도하라고 말씀합니다.

"위정자들의 구원을 위해 기도해라. 그들이 하나님을 경외하도록, 너희가 평온한 중에 하나님께 예배할 수 있도록 기도해라."

"그러므로 내가 첫째로 권하노니 모든 사람을 위하여 간구와 기도와 도고와 감사를 하되 임금들과 높은 지위에 있는 모든 사람을 위하여 하라. 이는 우리가 모든 경건과 단정함으로 고요하고 평안한 생활을 하려 함이라."(딤전 2:1~2)

나는 한국 대통령이 구원받기 위해 기도합니다. 모든 장관이 구원받고 예수 이름 앞에 무릎을 꿇도록 기도합니다. 모든 국회의원들이 예수 이름 앞에 무릎을 꿇도록 기도합니다. 하늘과 땅과 땅 아래가 다 예수 이름 앞에 무릎을 꿇는 것이 하나님의 지혜입니다.

"이러므로 하나님이 그를 지극히 높여 모든 이름 위에 뛰어난 이름을 주사 하늘에 있는 자들과 땅에 있는 자들과 땅 아래에 있는 자들로 모든 무릎을 예수의 이름에 꿇게 하시고 모든 입으로 예수 그리스도를 주라 시인하여 하나님 아버지께 영광을 돌리게 하셨느니라."(빌 2:9~11)

세상에서 가장 큰 지혜는 무엇일까?

세상에서 가장 큰 지혜는 무엇일까요?

세상에서 가장 큰 지혜는 '하나님을 경외하는 것'입니다.

“여호와를 경외하는 것이 지혜의 근본이요 거룩하신 자를 아는 것이 명철이니라.”(잠 9:10)

세상의 모든 왕들은 하나님께 경배해야 합니다.

“그가 큰 음성으로 이르되 하나님을 두려워하며 그에게 영광을 돌리라. 이는 그의 심판의 시간이 이르렀음이니 하늘과 땅과 바다와 물들의 근원을 만드신 이를 경배하라 하더라.”(계 14:7)

다윗이 하나님을 경외했기 때문에 그의 나라가 영원무궁했던 것입니다. 솔로몬도 마찬가지였습니다. 당신도 하나님을 경외하는 믿음을 가지기 바랍니다. 모두 하나님을 두려워해야 합니다.

“하나님은 무서운 하나님이다. 두려운 하나님이다.”

그러나 하나님을 경외하는 사람은 그분과 친밀합니다.

“하나님 아빠, 아빠, 아빠” 하며 친밀합니다.

나도 하나님 아빠와 친밀합니다.

나는 아내 김사라와 친하게 지내고 산책하고 친밀하게 대화를 나눕니다. 함께 앉아 책을 읽고 차를 마십니다. 아이들과도 친밀하게 지냅니다. 아이들이 하루 종일 내게 “아빠, 아빠” 하고 부릅니다.

그들과 나는 매우 친밀합니다. 왜일까요? 자녀들이 나를 존중하기 때문입니다. 그들은 나를 무시하지 않고 존중합니다. 나도 자녀를 존중합니다. 서로 존중하기 때문에 친밀함이 있는 것입니다.

하지만 나와 아내, 자녀가 아무리 친밀해도 하나님 아빠와 친밀한 것과는 비교할 수 없습니다. 이 세상에 아무리 따뜻하고 부드럽고 자상하고 친밀한 아빠가 있어도 하나님 아빠보다는 덜 친밀합니다. 하나님 아빠는 우주에서 가장 친밀한 우리의 아빠가 되십니다.

눈을 뜨고 당신 앞에 계신 하나님께 이렇게 불러 보십시오.

"하나님 아빠, 아빠, 아빠."

어떤 일이 생겨도 하나님을 경외하라

당신은 어려움에 빠져도 하나님의 얼굴을 바라봅니까?

베드로는 옥에 갇혔는데 거기에서 하나님의 얼굴을 보았습니다.

그분은 베드로와 함께 계신 성령님이었습니다. 베드로는 성령님의 얼굴을 봤습니다. 그리고 성령님과 대화를 나누었습니다. 성령님을 모시고 같이 감방에 들어갔습니다. 성령님께 도움을 구했습니다. 그는 늘 성령님과 함께 했기 때문에 두려운 것이 없었습니다.

이것이 '얼대모도'의 성령님과 대면하는 삶입니다.

베드로의 사건에서 "성령님이 어디에 나오나요?"라고 하는데 사도행전 2장에 보면 베드로가 성령을 받고 설교할 때 다윗의 말을 인용했습니다. 사도행전 2장 25절에 구체적인 내용이 나옵니다.

"다윗이 그를 가리켜 이르되, 내가 항상 내 앞에 계신 주를 뵈었음이여, 나로 요동치 않게 하기 위하여 그가 내 우편에 계시는도다. 그리므로 내 마음이 기뻐하였고 내 혀도 즐거워하였으며 육체도 희망에 거하리니 이는 내 영혼을 음부에 버리지 아니하며 주의 거룩한 자로 썩음을 당치 않게 하실 것임이로다. 주께서 생명의 길로 내게 보이셨으니 내가 주 앞에서 내게 기쁨이 충만케 하리라."

베드로는 다윗과 같은 믿음을 가졌습니다.

베드로는 다윗처럼 자기 앞에 항상 하나님이 계신다는 걸 믿었습니다. 그 하나님이 누구입니까? 예수의 영이신 성령님이셨습니다.

예수님이 죽기 전에 베드로에게 말씀하셨습니다.

"베드로야, 지금 네가 나를 만나고 있는데, 나는 좀 있으면 떠날 거야. 내가 십자가에 못 박혀 죽고 떠나가는 것이 더 유익하다."

"아, 예수님, 절대로 떠나시면 안 됩니다."

"사탄아, 물러가라. 나는 십자가에 못 박혀 죽어야 한다."

베드로는 사탄에게 조종당한 것이 아니라 잠깐 영향을 받았습니다. 예수님께서 꾸짖으셨습니다. "사탄아, 물러가라."

베드로는 물었습니다.

"주여, 어디로 가시나이까?"

"너는 나를 따라올 수 없다."

"주여, 어디를 가든지 따라가겠나이다. 내가 목숨까지 내놓고 주님을 따라가겠나이다."

베드로의 신앙은 순교자의 신앙이었습니다. 그래서 "내가 죽더라도 주를 따라가겠습니다"라고 말했고 결국 순교했습니다.

도마의 신앙은 "내가 보지 않고는 믿지 못하겠다"였습니다.

하지만 그도 부활하신 예수님을 만난 후에 "나의 주시며 나의 하나님이십니다"라고 고백했고 그도 결국 순교했습니다.

베드로는 십자가에 거꾸로 못 박혀 순교했습니다.

"내가 죽더라도 주를 따라가겠나이다."

이처럼 죽음을 각오한 순교자의 신앙을 가진 사람은 두려운 것이 없습니다. "주여, 어디든지 주를 따라가겠습니다."

나와 아내가 좋아하는 찬송이 324장입니다.

"예수 나를 오라 하네. 예수 나를 오라 하네. 어디든지 주를 따라 주와 같이 같이 가려네."

나와 아내의 믿음은 어디든지 주님을 따라 가는 것입니다.

"겟세마네 동산까지 주와 함께 가려 하네. 피땀 흘린 동산까지 주와 함께 함께 가려네. 심판하실 자리까지 주와 함께 가려하네. 피땀 흘린 동산까지 주와 함께 함께 가려네. 주가 크신 은혜 내려 나를 항상 돌보시고 크신 영광 보여 주며 나와 함께 함께 가시네."

우리 부부는 이 찬송대로 지금까지 살아왔습니다. 주님은 우리에게 모든 걸 다 공급해 주시면서 따라 오라고 말씀하셨습니다. 복음을 전할 수 있는 힘도, 순교할 수 있는 힘도 주님이 다 주십니다.

당신은 지금 주님을 잘 따르고 있습니까? 목숨 걸고 따르십시오.

주님의 음성을 따라 순종하며 자기 자리를 지키고 변함없이 자기에게 맡겨진 일에 충실히 하는 것, 이것이 얼마나 감사한 일입니까?

베드로는 자기 앞에 계신 주를 뵈었습니다.

예수님은 베드로와 제자들에게 말씀하셨습니다.

"나는 올라간다. 그 대신 내가 내 이름으로 성령을 보낼 텐데, 그 성령은 너희 속에 거할 것이요 너희와 함께 계실 것이다."

예수님은 십자가에 못 박혀 우리 대신 피를 쏟으며 죽으셨습니다. 베드로는 말했습니다.

"이휴, 낙심된다. 다시 고기 잡으러 가사."

부활하신 예수님이 거기에 나타나셨습니다.

"평강이 있을지어다."

"두려워 말라."

그리고 '후우' 숨을 내쉬며 말씀하셨습니다.

"성령을 받으라."

부활하신 예수님이 500명이 보는 앞에서 하늘로 올라가셨습니다. 베드로는 예수님의 명령을 따라 마가 다락방에서 10일 동안 기다리며 간절히 기도했습니다. 오순절에 약속대로 성령이 임했습니다. 불의 혀같이 임했습니다. 급하고 강한 바람같이 임했습니다. 순식간에 120명 전부의 혀가 떨리며 방언을 말하기 시작했습니다. 놀라운 일이 생겼습니다. 거기에 120명의 새로운 천국 시민, 새로운 하늘의 종족이 생겨난 것입니다. 새로운 민족이 탄생한 것입니다.

천국 시민, 새로운 민족, 그들은 새로운 언어를 말했는데 그것이 방언이었습니다. 방언은 백퍼센트 감사 기도입니다. 백퍼센트 찬미 기도입니다. 백퍼센트 영의 기도입니다. 백퍼센트 축복 기도입니다.

왜 이걸 주셨을까요? 온전한 기도와 감사를 하라는 것입니다.

사람들이 하나님을 향해 백퍼센트 찬양을 안 합니다. 백퍼센트 감사를 안 합니다. 백퍼센트 영의 기도를 안 합니다. 백퍼센트 축복 기도를 안 합니다. 무슨 기도를 합니까? "하나님, 힘들어요. 어휴, 내 인생이 처량하고 고달프고 괴로워요"라는 원망조의 기도를 합니다. 그건 주님을 섬기는 게 아니라 자기를 섬기는 것입니다.

하나님은 우리가 자기를 섬기는 것이 아닌 주님을 섬기기를 원하십니다. 주님을 섬긴다는 것은 무엇을 말합니까? "주님의 높고 위대하심을 내 영혼이 찬양하네"라며 주를 높이고 찬양하는 것이 주님을 섬기는 것입니다. 신세타령하는 것은 자기를 섬기는 것입니다.

찬송가 중에서 어떤 곡은 신세타령하는 것입니다. 그런 슬픈 찬송보다 하나님을 찬양하는 것을 많이 부르는 것이 좋습니다.

"주님의 높고 위대하심을 내 영혼이 찬양하네."

"이곳에 와 계신 영광의 주님을 찬양하네."

이와 같이 주님을 찬양하는 것은 하나님의 영광의 구름이 밀려들게 만듭니다. 이런 찬양을 항상 하면 좋겠지만 그렇지 못합니다.

그때그때 기분이나 감정 또는 상황에 따라 이런 찬양이 안 나오기 때문에 주님께서 우리에게 자동으로 찬양할 수 있도록 '방언'을 주신 겁니다. 방언은 백퍼센트 하나님의 높고 위대하심과 아름다우심을 찬미하는 것입니다. 찬미는 입술의 고백이며 입술의 제사입니다. "아름다우십니다. 예수님" 하고 입술로 고백하십시오.

찬송은 찬미에 곡을 붙인 것입니다. 바울과 실라는 감방에 갇혔을 때 찬송을 불렀습니다. 그렇게 찬송을 통해 주님을 섬기니까 갑자기 지진이 나면서 옥문이 터지는 사건이 일어났습니다. 주님을 섬기는 방법은 원망과 불평을 그치고 입을 열어 찬미하는 것입니다.

"주님, 감사해요. 억만 번이나 감사해요. 주님을 찬양합니다."

어떤 어려운 환경 속에서도 이렇게 고백하기 바랍니다.

"주님, 사랑합니다. 억만 번이나 감사합니다."

방언은 100퍼센트 감사와 찬미의 기도다

당신은 하루에 방언을 어느 정도 하고 있나요?

나는 "내가 너희 모든 사람보다 방언을 더 말하므로 하나님께 감사하노라"(고전 14:18)고 말한 사도 바울처럼 방언을 많이 말하는 편입니다. 최소한 하루에 한 시간 이상은 방언을 말합니다.

하루 종일 감사와 찬미가 잘 안되니까 성령님이 '방언'이란 귀한 은사를 주신 것입니다. 방언은 입만 열면 "하라라라라, 셀라드리" 하며 백퍼센트 주님을 찬미하고, 백퍼센트 영의 기도를 하고, 백퍼센트 감사 기도를 하고, 백퍼센트 축복 기도를 하게 되는 것입니다.

방언으로 하는 축복은 누구에게 할까요?

사람에게만 아니라 하나님께도 하는 것입니다.

첫째, 방언은 영으로 하나님께 축복하는 것입니다. "방언을 말하는 자는 사람에게 하지 아니하고 하나님께 하나니……."(고전 14:2)

둘째, 방언은 영으로 사람에게 축복하는 것입니다. "네가 영으로 축복할 때에 알지 못하는 처지에 있는 자가 네가 무슨 말을 하는지 알지 못하고 네 감사에 어찌 아멘 하리요."(고전 14:16)

어린 손자가 할아버지에게 절하며 "새해 복 많이 받으세요"라고 말하는 것과 같습니다. 원래는 할아버지가 손자에게 축복하는 것이지만 손자도 할아버지를 저주하지 않고 축복할 수 있습니다.

예수 믿지 않는 사람들은 "하나님이 어디 계시냐?"라며 하나님을 저주합니다. 그런데 예수님을 믿는 사람들은 하나님을 향해 송축합니다. 송축은 무엇입니까? 축복의 말에 곡을 붙인 것입니다.

"여호와를 송축하라. 여호와를 송축하라."

이렇게 노래하면서 하나님을 축복하는 것이 송축입니다.

방언은 백퍼센트 송축의 기도입니다. 방언은 영으로 하나님께 비밀을 말하는 기도인데 곧 하나님을 축복하는 기도입니다. 놀랍지 않습니까? 그러므로 당신은 방언으로 많이 기도하기 바랍니다.

방언은 성령의 나타남입니다.

성령을 받으면 음성이 저절로 들려온다

당신은 성령님의 음성을 듣고 있습니까?

나는 20세에 길을 걷다가 성령을 받았는데 그날부터 음성이 들려오기 시작했습니다. '사랑하는 아들아, 두려워하지 마라. 내가 너와 함께 있다'고 나를 부르시는 성령님의 세미한 음성이었습니다.

모든 사람은 성령님의 세미한 음성을 들어야 합니다.

요한복음 10장 27절에 "내 양은 내 음성을 들으며, 나는 그들을 알며, 그들은 나를 따르느니라"고 말씀했기 때문입니다.

베드로는 성령을 받은 그 순간부터 성령님의 음성을 듣기 시작했습니다. 오순절에 성령이 임했을 때 거기 모인 사람들은 "와!" 하고 놀랐습니다. 겉으로 드러난 것만 보고 "시끌벅적하고 요란스럽다"고 했지만, 베드로의 마음속에는 세미한 음성이 들렸습니다.

'베드로야.'

'누구십니까?'

'나다. 내가 왔다.'

'네? 주님이십니까?'

'그래, 내가 네 속에 들어왔어.'

'와, 신기하군요.'

'너는 지금부터 내 말을 들어야 한다.'

'네, 알겠습니다. 말씀하십시오. 주님.'

오순절 이후로는 '더 좋은 실상'이 펼쳐졌는데 곧 예수님이 영으로 베드로 안에 들어와 세미한 음성으로 말씀하기 시작한 것입니다.

베드로는 주님의 음성을 선명하게 들었습니다.

'베드로야, 나는 네 속에만 있는 것이 아니라 너와 함께 있다. 너의 얼굴 앞에 있고 너의 온몸을 덮고 있다. 나는 영으로 왔기 때문에 제한을 받지 않는다. 예전에 내가 요한과 이야기하고 있을 때 넌 기다려야 했지? 이제는 그럴 필요 없어. 나는 요한과도 이야기하고 너와도 이야기하고 야고보와도 이야기할 수 있게 되었어. 나는 각 사람 속에 영으로 왔기 때문에 다 일대일로 이야기할 수 있어.'

이제 베드로의 밖이 아닌 속에서 음성이 들려옵니다. 베드로는 자기 안에 오신 예수의 영 성령님의 음성을 듣습니다. 그리고 자기 앞에 계신 성령님의 얼굴을 봅니다. 이것이 가장 큰 기적입니다.

지금은 성령님의 시대입니다. 오순절 이후로는 예수님 대신 성령님이 오신 것입니다. 그래서 이제는 베드로가 "예수님"이라고 말하지 않습니다. "성령님" 또는 "주님"이라고 부릅니다.

"성령과 우리는 이 요긴한 것들 외에는 아무 짐도 너희에게 지우지 아니하는 것이 옳은 줄 알았다."(행 15:28)

예수께서 육체로 계실 때 제자들에게 말씀하셨습니다.

"너희가 이제는 나에게 묻지 않아도 된다. 내게 묻는 대신 성령에게 물어라. 그분이 너희를 진리 가운데로 인도하실 것이다."

그 일이 이루어진 것입니다. 제자들은 "성령님, 어떻게 할까요?"라고 묻습니다. 사도행전에 보면 계속 성령님을 드러냅니다.

"성령님과 우리는 이렇게 하기로 결정을 내렸다."

"성령님이 나에게 지시했다."

"성령님이 나를 이끌었다."

이제는 성령님의 시대가 온 것입니다. 그러므로 "성령님" 부르기 바랍니다. "성령님." 나를 따라 이렇게 세 번 말해 보십시오.

"성령님, 성령님, 성령님."

이제 베드로는 하나님의 말씀을 전할 때도 담대해졌습니다.

"하나님 앞에서 너희의 말을 듣는 것이 옳으냐? 하나님 말씀을 듣는 것이 옳으냐? 판단하라. 하나님이 내 앞에 계시니 나는 너희 관원들보다 하나님을 더 의식하고 두려워한다. 나는 담대하게 하나님의 말씀을 너희에게 전파하고 하나님의 말씀에 따라 순종하기로 했다. 나는 어떤 박해도 죽음도 전혀 두려워하지 않는다."

베드로는 '하나님 앞에서의 삶' 곧 '코람데오의 삶'을 살기로 했습니다. 그는 이제 자기 앞에 계신 성령님의 얼굴을 보면서 말씀을 전하고 성령님과 대화를 나누는 신앙이 되었습니다. 그는 박해를 당할 때 성령님을 모시고 함께 감방에 들어갔습니다. 감방 안에서 성령님께 도움을 구했습니다. 성령님께서 그에게 뭐라고 말씀하셨을까요? "자라"고 하셨습니다. 염려 말고 푹 자라는 것입니다.

성령님은 사람마다 다르게 말씀하십니다.

아들아, 내가 너에게 해줄 말이 있다

베드로와 성령님은 이런 대화를 나누었을 것입니다.

베드로가 먼저 입을 열어 성령님께 말을 걸었을 것입니다.

'성령님, 어떻게 할까요? 제가 말씀을 전파하는데 이렇게 박해를 받고 감방에 들어왔습니다. 제가 여길 나가면 전과자입니다. 아니면 감방에 있다가 내일 아침에 죽을지도 모릅니다.'

성령님이 그의 마음에 말씀하십니다.

'베드로야, 내가 너에게 해줄 말이 있다.'

'뭡니까?'

'자라. 자. 푹 자라.'

성령님이 가장 위대한 지도자, 사도 중에 사도인 베드로에게 자라는 것입니다. 베드로의 성격이 어떻습니까? 자는 성격이 아닙니다. 그는 행동파이고 성급하게 말을 내뱉고 말고의 귀를 자르고 일단 물위를 걷고 보는 사람입니다. 그는 가만히 못 있는 사람입니다.

"주여, 나를 두고 어디로 가십니까?"

성령님께서 그런 베드로에게 이렇게 말씀하셨을까요?

'너는 원래 과격한 행동파 아니냐? 칼을 꺼내 말고의 귀를 자른 것처럼 간수를 찔러 버리고 어떻게든 여기를 탈출해라.'

아닙니다. 정반대로 말씀하셨습니다.

"자라. 자. 푹 자."

하나님의 생각과 기준은 사람과 반대일 때가 많습니다.

"베드로야, 아무것도 염려하지 말고 푹 자라."

때로 당신에게도 그렇게 말씀하십니다.

"뭘 그렇게 긴장하고 염려하니? 자라. 자."

자라는 것입니다. 그래서 베드로는 잠을 잤습니다. 어떻게 잤습니까? 푹 잤습니다. 베드로는 옥에 갇혔고 교회는 그를 위해 간절히 하나님께 기도하고 있습니다. 사실 그렇게 간절히 기도할 필요 없습니다. 믿음으로 한 번만 기도해도 하나님이 듣고 응답하십니다.

헤롯이 잡아내려고 하는 그 전날 밤에 베드로가 두 군인들 틈에서 쇠사슬에 묶여서 잠을 잤습니다. 보통 감방에 들어가면 괴로워서 앉아서 잡니다. 쇠고랑에 차여 있으니까 쪼그려 자야 합니다. 그런데 베드로는 누워 잤습니다. 성령님이 그렇게 쪼그리고 자지 말고 누워서 편하게 자라고 말씀하셨나 봅니다. 파수꾼들이 문밖에서 옥을 지키고 있는데 천사가 나타나서 말했습니다. 천사는 베드로의 옆구리를 쳐서 깨웠습니다. 살짝 찌를 수도 있었고 '톡톡' 건드릴 수도 있었습니다. 그런데 쳤다고 했습니다. 옆구리를 세게 친 것입니다. 얼마나 깊이 잠들었으면 옆구리를 쳐야 했을까요?

그 다음에 천사가 "급히 일어나라"고 했습니다.

쇠사슬이 철커덩 벗어졌습니다. 천사가 말했습니다.

"띠를 띠어라. 신을 신어라."

얼마나 베드로의 마음에 평강이 가득했기에 띠도 풀어놓고 신발도 벗어 놓고 겉옷도 집어던지고 잤을까요? 자기 집 안방에서 자는 것처럼 편하게 잔 것입니다. 이 정도의 천하태평의 믿음. 이것은 어디서 나올까요? 순교자의 믿음에서 나오는 것입니다.

죽고자 각오하면 두려운 것이 없습니다.

"죽음이 두려워요"라고 말하지 마십시오.

사도 바울처럼 날마다 죽는 연습을 하십시오.

"나는 날마다 죽노라."(고전 15:31)

우리는 이미 그리스도 안에서 죽은 자들입니다.

"내가 그리스도와 함께 십자가에 못 박혔나니 그런즉 이제는 내가 사는 것이 아니요 오직 내 안에 그리스도께서 사시는 것이라. 이제 내가 육체 가운데 사는 것은 나를 사랑하사 나를 위하여 자기 자신을 버리신 하나님의 아들을 믿는 믿음 안에서 사는 것이라."(갈 2:20)

죽음도 전염병도 박해도 두려워하지 마라

당신은 죽음과 전염병과 박해를 두려워하지 않습니까?

죽음을 두려워할 필요 없습니다. 어차피 모든 사람은 죽음을 거쳐야 천국에 갑니다. 전염병도 두려워할 필요 없습니다. 전염되지 않도록 경계하고 조심하면 됩니다. 두려움에는 형벌이 있을 뿐입니다. 베드로는 전염병 정도가 아니라 죽음을 앞두고 있었습니다.

내일 당장 헤롯이 칼을 들고 쳐 죽인다고 했습니다.

"그래도 나는 두렵지 않다. 오늘 푹 잔다."

당신은 뭐가 그리 바쁘고 일이 많습니까? 하루 종일 돌아다닌다고 피곤해서 옷도 안 벗고 양말도 신은 채로 잡니까?

베드로는 달랐습니다. 그는 질서 있는 사람이었습니다.

"내일 죽어도 오늘은 옷 벗고 자겠다."

겉옷도 벗고 띠도 풀고 신발도 벗고 잤습니다.

옥에서 나갈 때 천사가 다 챙겼습니다.

하나님이 당신에게 필요한 것을 다 챙겨 주십니다.

"띠를 띠라. 신발을 신어라. 겉옷도 입어라. 나를 따라와라."

베드로는 잠이 덜 깼습니다. 웬만하면 그렇게 세게 탁 치면 잠이 깨지 않겠습니까? 허리띠를 묶는 순간 잠이 깨고, 겉옷 입을 동안 잠이 깨고, 신발 신는 동안 잠이 깰 텐데, 베드로가 얼마나 낙천적인 믿음의 사람이었으면 그런 기적을 경험하고도 잠이 안 깼을까요? 그는 원래 그런 사람이 아니었습니다. 그는 여종 앞에서 예수를 모른다고 세 번 부인하고 도망갈 정도로 겁이 많은 사람입니다.

당신에게도 성령이 임하면 겁이 없어집니다.

베드로는 비몽사몽간에 "아, 내가 꿈을 꾸고 있나? 환상을 보고 있나?" 하면서 일어났습니다. 첫째 파수를 지나고 둘째 파수를 지났습니다. 시내로 통하는 쇠문이 철커덩 하며 저절로 열렸습니다.

이처럼 성령님의 힘은 '실제적인 힘'입니다. 굳게 닫힌 철창문을 철커덕 하고 한방에 여는 힘입니다. 물론 여기는 천사가 있었습니다. 성령님이 직접 할 때도 있고 천사를 시킬 때도 있습니다.

성령님은 만왕의 왕이시기 때문에 직접 힘을 안 쓸 때가 많습니다. 작은 건 천사를 시킵니다. 그런데 바울과 실라는 찬송을 부를 때 성령님이 직접 힘을 쓰시니까 지진이 나면서 옥문이 흔들리고 매인 것이 다 터져 버렸습니다. 이때는 베드로만 풀렸습니다.

바울과 실라가 옥에 갇혔을 때는 거기 매인 자들이 다 풀어졌다고 했습니다. 성령님이 힘을 쓰면 너무 크기 때문에 주위 사람들이 모두 영향을 받습니다. 베드로한테 조금만 힘을 쓰라고 천사를 보내신 것입니다. 닫힌 문이 하나씩 저절로 열렸습니다. 당신의 인생에 닫힌 문도 다 열릴 것입니다.

그때야 베드로가 정신이 들어 말했습니다.

"주님이 천사를 보내 나를 이렇게 구원하셨구나."

참 놀라운 일입니다. 그때 마가의 다락방에서는 수백 명이 모여 기도하고 있었습니다. 마가 다락방은 마가 요한의 집입니다.

부와 전통을 가져도 항상 겸손하라

당신은 혹시 돈이 좀 있다고 교만 떨지 않습니까?

부할수록 겸손해야 합니다. 하나님은 교만을 싫어하십니다.

부와 전통은 소중하지만 그것을 하나님보다 앞세우면 안 됩니다.

베드로의 제자이기도 한 마가 요한은 바울과 실라, 바나바가 선교 여행할 때 함께 했던 바나바의 조카입니다. 바울과 바나바가 대판 싸운 사건이 나옵니다. 그때 바울은 "나는 절대로 마가 요한을 안 데리고 간다" 하고 잘라 버린 사람입니다. 마가 요한은 "나는 저 바울을 대표로 인정 못해. 바나바가 대표인데" 하면서 선교 여행하다가 중간에 빠져나가 예루살렘으로 갔습니다. 왜 그랬을까요?

바울이 복음을 전하고 난 후에, 예수 믿는 사람들에게 할례를 주고 난 다음에 세례를 줘야 하는데, 할례를 안 주고 세례만 주니까 도무지 이해가 안 되었던 것입니다. 마가 요한은 '할례당'이었습니다. 그는 할례를 꼭 받고 유대교에 입교해야만 구원 받을 수 있다고 믿었습니다. 그가 가진 전통이 안 깨어졌습니다. 그래서 바울과 동업하지 못하고 선교 현장에서 혼자 뛰쳐나왔습니다. 예루살렘에 가서 바울에 대해 나쁜 말을 많이 했습니다.

그리고 또 다른 이유는, 선교 여행 갈 때 처음에는 '바나바와 바울'이라고 했다가 나중에는 '바나바와 그 일행들'에서 또 나중에는 '바울과 그 일행들'로 바뀌었고 그 후에는 '바울과 바나바'로 순서가 바뀌어 버렸습니다. 바울이 대표가 되는 순간 마가 요한은 "못 견디겠어. 우리 아저씨가 대표였는데 왜 갑자기 바울이 대표가 된 거야. 인정 못해"라며 화를 냈습니다. 그래서 마가 요한은 바울에게 끝도 없이 찌르는 육체의 가시 같은 존재였습니다.

이런 사람은 선교 현장에서 당을 짓는 골칫덩이입니다.

물론 마가 요한은 믿음이 좋은 사람입니다. 예수님이 죽으시기 전에 제자들을 모아 놓고 성만찬 할 때 다락방을 빌려준 사람이었습니다. 아마도 마가 요한의 어머니가 굉장히 큰 부자였던 것 같습니다. 그의 다락방에서 예수님과 열두 제자가 모여 살과 피를 기념하는 성찬식 사건이 있었고 나중엔 120문도가 거기에서 기도했습니다. 그곳은 작은 다락방이 아닌 120명이 들어갈 수 있는 큰 다락방이었고 2층으로 된 저택인데 홀이 아주 컸습니다. 120명이 그곳에 모여 간절히 기도할 수 있었고 오순절에 성령이 임했습니다.

또한 베드로가 "우리 이제 가룟 유다가 죽었으니까 맛디아를 뽑자"라며 투표할 때 그 장소가 마가의 다락방이었습니다. 이런 마가 요한의 집에서 많은 성도들이 모여 기도하고 있었습니다.

마가 요한처럼 부자이고 전통이 강할수록 하나님 앞에 자신을 낮추고 겸손해야 합니다. 모든 일의 주체는 성령님이시기 때문입니다.

사도 베드로는 자신을 따르는 마가 요한을 비롯한 모든 청년들에게 마음을 낮추고 겸손하라고 권했습니다.

"젊은 자들아, 이와 같이 장로들에게 순종하고 다 서로 겸손으로 허리를 동이라. 하나님은 교만한 자를 대적하시되 겸손한 자들에게는 은혜를 주시느니라."(벧전 5:5)

당신도 마음을 낮추고 겸손하십시오.

내일 죽더라도 오늘 하나님을 경외하라

베드로는 다시 그 마가의 다락방으로 돌아왔습니다.

베드로는 옥에서 나와 그 집으로 가서 문을 두드렸습니다.

문을 계속 두드렸습니다. 베드로는 성령님의 얼굴을 보고, 성령님과 대화를 나누고, 성령님을 모시고 다니고, 성령님께 도움을 구했습니다. 그러자 성령님이 그에게 오셔서 무엇을 주셨습니까?

평강을 주셨습니다. 세상에서 가장 큰 재산은 '평강'입니다.

요한복음 20장 19~22절을 보십시오.

"이 날 곧 안식 후 첫날 저녁 때에 제자들이 유대인들을 두려워하여 모인 곳의 문들을 닫았더니 예수께서 오사 가운데 서서 이르시되 너희에게 평강이 있을지어다. 이 말씀을 하시고 손과 옆구리를 보이시니 제자들이 주를 보고 기뻐하더라. 예수께서 또 이르시되 너희에게 평강이 있을지어다. 아버지께서 나를 보내신 것 같이 나도 너희를 보내노라. 이 말씀을 하시고 그들을 향하사 숨을 내쉬며 이르시되 성령을 받으라."

여기도 제자들이 율법주의자들 곧 유대인들을 두려워했습니다.

베드로와 초대교회 성도들은 유대인들과 헤롯왕을 두려워했습니다. 그래서 문을 닫고 있는데 거기 예수님이 나타나셔서 "평강이 있을지어다"라고 하셨습니다.

우리는 지금 코로나 19 전염병이 두려워서 문을 닫고 있습니다.

전 세계가 코로나 때문에 난리입니다. 이탈리아는 전국이 움직이지 못하게 봉쇄했습니다. 미국은 하루에 5만 명이 넘는 확진자가 나오고 매일 3천 명씩 죽고 있습니다. 일본은 코로나 때문에 동경 올림픽을 연기했습니다. 모든 나라가 코로나를 종식시키겠다고 애쓰고 있습니다. 사람들은 다 집안에 있고 집밖에 나오지 않으려고 합니다. 그런데 주님께서 그 집안에 찾아오셔서 말씀하십니다.

"너희에게 평강이 있을지어다. 두려워하지 마라. 내가 너희를 지켜 주고 보호해 주겠다. 내가 너희를 인도해 주겠다."

베드로와 바울과 실라는 순교자의 신앙을 갖고 있었습니다.

그러기 때문에 그들은 두려운 것이 하나도 없었습니다.

바울과 실라는 실제로 옥에 갇혔습니다.

그들은 성령님의 음성을 듣고 순종했던 사람입니다. 아시아로 가려고 할 때에 성령님이 못 가게 막았고 마게도니아로 가라고 했습니다. 그 음성을 따라 마게도니아에 가서 말씀을 전파했습니다.

그들이 점치는 귀신을 쫓아 냈는데 그 점치는 귀신이 들린 여종의 주인이 자기 이득이 사라진 것을 알고 고소했습니다. 그래서 그들은 매를 많이 맞고 억울하게 옥에 갇혔습니다. 생각해보세요.

"우리가 성령님의 음성을 듣고 순종했는데 왜 이렇게 매를 많이 맞아야 돼? 옥에 갇혀야 돼? 도무지 이해가 안 돼."

실라는 사도 바울을 원망하지 않았습니다.

"내가 괜히 바울을 따라 왔네. 바울이 환상을 보고 음성을 들었다고 하니까 그 말에 휘말려 이 고생하는 거야. 바울 때문에……."

억울하게 옥에 갇혔지만 실라는 바울을 존중했습니다. 바울과 마음을 같이 하여 하나님을 찬송하며 섬겼습니다. 그들의 몸이 채찍에 맞아 갈래갈래 터지고 피가 흘렀지만 결코 원망하지 않았습니다.

'우리가 왜 이렇게 발에 차이고 침 뱉음 당하고 채찍에 맞고 감방에 들어오고 쇠고랑을 차야 돼? 하나님이 우리를 버리셨어. 우리가 하나님의 음성을 잘못 들은 게 분명해. 이게 모두 바울 때문이야.'

당신은 혹시 그렇게 생각한 적이 없습니까? 어떤 환난과 핍박이 와도 하나님의 종을 원망하지 말고 감사하십시오. 지금도 성령님이 나를 인도하고 계시는 중이라며 오직 믿음의 말만 하십시오.

성령님의 음성을 듣고 순종했는데 박해가 오고 매를 맞고 침 뱉음 당하고 욕을 먹고 빰을 맞을 수 있습니다. 성령님 음성을 듣고 순종했는데 온갖 조롱과 멸시와 천대가 올 수 있습니다.

그때 원망하면 안 됩니다. 찬송해야 합니다. 바울과 실라는 그곳에서 주를 섬겼는데 어떻게 섬겼나요? 찬송했습니다. 그들은 모두가 듣도록 큰 소리로 찬송을 불렀습니다. 그러자 갑자기 지진이 나면서 옥문이 터지고 묶인 자들이 다 풀려났습니다. 그러나 바울과 실라는 거기서 도망가지 않았습니다. 왜일까요?

"성령님이 여기에 가라고 해서 왔기 때문에 나는 안 간다."

간수는 죄수들이 도망갔다며 자결해서 죽으려고 했습니다.

그때 바울이 큰 소리로 외치면서 "자결하지 말라. 우리가 도망가지 않고 여기 있다"고 했습니다. 성령님의 음성을 듣고 순종하는 사람은 어떤 좋고 나쁜 일이 있어도 도망가지 않습니다.

우리는 어떤 일이 있어도 도망가지 않고 성령님의 음성에 따라 자리를 지키는 사람들입니다. 그럴 때 야고보처럼 목이 날아가 죽을 수도 있습니다. 또한 베드로처럼 옥에 들어가서 내일 사형을 당한다고 법정 판결을 받을 수도 있습니다. 바울과 실라처럼 매를 맞고 온몸이 다 터질 수도 있습니다. 그래도 순교자의 신앙을 가지고 예배의 자리, 봉사의 자리, 선교의 자리, 직분의 자리를 굳게 지키십시오. 죽음을 두려워하지 말고 죽도록 충성하십시오.

하나님이 지금 당신을 붙들고 계십니다.

귀신 들고 병든 사람을 불쌍히 여기라

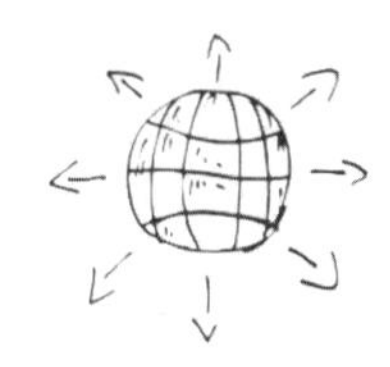

당신은 하나님의 마음을 아십니까?

하나님의 마음은 무엇일까요? 대표적인 것이 '자비'입니다.

나는 요즘 기도하면서 하나님의 마음을 조금씩 느끼고 있습니다.

그것은 자비 곧 '모든 사람을 불쌍히 여기는 마음'입니다.

하나님은 모세에게 자신이 누구인지에 대해 계시하셨습니다.

그분은 모세에게 십계명을 주시며 말씀하셨습니다. "너는 두 돌판을 처음 것과 같이 깎아 만들어라. 네가 깨뜨린 그 처음 판에 있던 말을 내가 거기에 다시 기록하겠다. 너는 내일 아침 그것을 준비하여 시내산으로 올라와 산꼭대기에서 나에게 네 모습을 보여라. 아무도 너와 함께 올라오지 못하게 하고 산에 발을 들여놓는 자가 없도록 하라. 양과 소도 산기슭에 얼씬거리게 해서는 안 된다."

그래서 모세는 두 돌판을 처음 것과 같이 깎아 만들어 여호와께서 명령하신 대로 다음 날 아침 일찍 두 돌판을 가지고 시내산으로 올라갔습니다. 그러자 여호와께서 구름 가운데 내려와 그와 함께 거기 서서 자기 이름이 여호와임을 선포하셨습니다. 그리고서 여호와께서는 그의 앞으로 지나가시며 이렇게 외치셨습니다.

"여호와라 여호와라, 자비롭고 은혜롭고 노하기를 더디 하고 인자와 진실이 많은 하나님이라. 인자를 천대까지 베풀며 악과 과실과 죄를 용서하리라 그러나 벌을 면제하지는 아니하고 아버지의 악행을 자손 삼사 대까지 보응하리라."(출 34:6~7)

사람들은 하나님이 누구신지 잘 모르고 있습니다.

예배 시간에 사도신경을 외우며 "전능하사 천지를 만드신 하나님 아버지를 내가 믿사오며"라고 하나님의 능력에 대해 고백합니다. 물론 맞습니다. 하지만 하나님의 성품에 대해서는 어떻게 고백해야 할지 전혀 모릅니다. 그분은 자비롭고 은혜롭고 노하기를 더디 하고 인자와 진실이 많은 분이고 인자를 천대까지 베푸는 분이십니다.

하나님은 자신에 대해 계시하실 때 첫 번째로 "나는 자비로운 하나님이다"라고 말씀하셨습니다. "오직 성령의 열매는 사랑과"라고 할 때 사랑 안에 다른 모든 열매가 포함되어 있는 것처럼 "여호와라 여호와라, 자비롭고"라고 할 때 그 자비 안에 다른 모든 성품이 포함되어 있습니다. 하나님의 대표적인 성품은 자비입니다.

자비(慈悲, mercy)는 '남을 깊이 사랑하고 가엾게 여김, 또는 그렇게 여겨서 베푸는 혜택, 괴로움을 없애고 행복을 주는 것'입니다.

하나님은 모든 사람을 불쌍히 여기셨고 특히 이스라엘 백성은 말을 잘 듣지 않는 고집 센 양 떼지만 그들을 불쌍히 여기셨습니다.

모세는 급히 땅에 엎드려 경배하며 이렇게 말했습니다.

"여호와여, 내가 만일 주께 은총을 입었거든 주께서 우리와 함께 가소서. 이 백성이 말을 잘 듣지 않는 고집 센 백성이긴 하지만 우리의 죄와 잘못을 용서하시고 우리를 주의 백성으로 받아 주소서."

그때 여호와께서 큰 기적을 행하겠다고 말씀하셨습니다.

"내가 너희와 계약을 맺겠다. 내가 너희 모든 백성 앞에 세상의 그 어느 나라에서도 행하지 않은 기적을 행하겠다. 너희 모든 백성이 나 여호와의 놀라운 일을 보게 될 것이다. 내가 너희를 위해 행하는 일은 정말 두려운 일이다."

하나님이 기적을 행하시는 이유는 자비하심 때문이다

하나님이 모든 기적을 행하시는 이유는 무엇입니까?

그분의 자비를 나타내기 위함입니다. 그분은 "내가 이스라엘 백성을 불쌍히 여겨 기적을 나타낼 것이다"라고 말씀하셨습니다.

당신은 하나님께 큰 능력을 구하지 않습니까? 그런데 왜 그런 능력을 구합니까? 중심 동기가 무엇입니까? 마법사 시몬처럼 큰 능력을 행하므로 큰 자라고 일컬음을 받기 위해서입니까? 아니면 큰 능력을 행하므로 큰 인물이 되고 큰 빌딩을 세우기 위해서입니까?

하나님의 마음은 그렇지 않습니다. 하나님이 능력을 행하시는 이유는 오직 그분의 자비하심을 나타내기 위해서입니다. "이스라엘 백성들을 불쌍히 여겨 그들을 구원하기 위해서"라는 말입니다.

당신의 꿈과 소원, 기도 제목의 동기를 살피십시오. 그리고 진심으로 양떼를 불쌍히 여기는 마음으로 능력을 구하십시오. 그러면 당신의 말과 행동, 손과 발에서 엄청난 기름 부음이 흘러 나갈 것입니다. 당신의 옷자락과 그림자에서도 기름 부음이 나타날 것입니다.

예수님이 모든 사람에게 가장 원하시는 것은 자비입니다.

"나는 자비를 원하고 제사를 원하지 아니하노라 하신 뜻을 너희가 알았더라면 무죄한 자를 정죄하지 아니하였으리라."(마 12:7)

하나님의 마음, 예수님의 마음, 성령님의 마음은 자비입니다. 나는 매일 수많은 사람들을 위해 기도합니다. 나는 한 나라의 대통령부터 모든 정치가와 기업가들을 위해 기도합니다. 부모님과 자녀들, 친척들과 친구들을 위해 기도합니다. 어떻게 기도할까요?

"하나님, 그들을 불쌍히 여겨 주소서. 자비를 베풀어 주소서."

그들을 위해 눈물을 흘리며 불쌍히 여겨 달라는 기도를 합니다.

하루는 내가 교회에서 몇 시간 동안 한 사람을 떠올리며 기도하는데 내 눈에서 계속 뜨거운 눈물이 터져 나왔습니다. 온몸으로 흐느껴 울며 진이 다 빠질 정도로 그 사람을 위해 기도했습니다. 내 안에 계신 성령님을 통해 그 사람을 위해 기도한 것입니다. 성령님은 내 마음에 '그 사람이 얼마나 불쌍하니? 너도 그 사람을 불쌍히 여겨라. 불쌍하다. 불쌍하다. 그 사람이 불쌍하다'고 말씀하셨습니다. 나는 온몸으로 울음을 터트리며 자비를 구했습니다.

"주님, 그 사람을 불쌍히 여겨 주소서."

당신도 예수님처럼 자비로운 사람이 되라

예수님은 어떤 분이실까요?

그분은 한없이 자비로우신 분입니다. 그분은 "너희 아버지의 자비로우심 같이 너희도 자비로운 자가 되라"(눅 6:36)고 말씀하셨습니다. 예수님은 자신이 하지 않는 일을 제자들에게 시킨 적이 없습니다. 그분은 하나님 아버지의 자비로우심 같이 자비로우신 분입니다. 당신의 마음이 자비로워야 주님의 자비로우심을 알게 됩니다.

"자비로운 자에게는 주의 자비로우심을 나타내시며 완전한 자에게는 주의 완전하심을 보이시며……."(시 18:25)

내가 성령님과 함께 자비로운 마음을 갖게 되자 성경이 다르게 보이기 시작했습니다. 하나님의 마음을 더 많이 알게 된 것입니다.

예수님은 자비로운 마음으로 제자들을 챙기셨다

당신은 어떤 마음으로 가족의 식사를 챙깁니까?

자비로운 마음으로 가족의 식사를 챙겨야 합니다.

안식일에 예수님께서 밀밭 사이로 지나가실 새 제자들이 이삭을 잘라 손으로 비비어 먹었습니다. 어떤 바리새인들이 말했습니다.

"어찌하여 안식일에 하지 못할 일을 하느냐?"

예수님께서 대답하셨습니다.

"다윗이 자기 및 자기와 함께 한 자들이 시장할 때에 한 일을 읽지 못하였느냐? 그가 하나님의 전에 들어가서 다만 제사장 외에는 먹어서는 안 되는 진설병을 먹고 함께 한 자들에게도 주지 아니하였느냐? 인자는 안식일의 주인이니라."(눅 6:1~5)

당신은 배고픈 자를 정죄합니까? 아니면 불쌍하게 여깁니까?

예수님은 자비로운 마음으로 병자들을 고치셨다

당신은 어떤 마음으로 병자를 위해 기도합니까?

자비로운 마음으로 병자를 위해 기도해야 합니다.

다른 안식일에 예수님께서 회당에 들어가 가르치셨습니다.

그때 거기 오른손 마른 사람이 있었습니다. 서기관과 바리새인들이 예수님을 고발할 증거를 찾으려 하여 안식일에 병을 고치시는가 엿보았습니다. 예수님께서 그들의 생각을 아시고 손 마른 사람에게 "일어나 한가운데 서라"고 하시자 그가 일어나 섰습니다.

예수님께서 서기관과 바리새인들에게 말씀하셨습니다.

"내가 너희에게 묻는다. 안식일에 선을 행하는 것과 악을 행하는 것, 생명을 구하는 것과 죽이는 것, 어느 것이 옳으냐?"

무리를 둘러보시고 그 사람에게 이르셨습니다.

"네 손을 내밀라."

그가 그렇게 하자 그 손이 회복되었습니다. 그들은 노기가 가득하여 예수를 어떻게 할까 하고 서로 의논했습니다.(눅 6:6~11)

예수님은 병자에 대한 자비가 가득했고 그들에게는 병자에 대한 자비가 없었던 것입니다. 그들은 돌 판에 새겨진 하나님의 율법을 달달 외웠지만 그 율법을 주신 하나님의 마음은 전혀 몰랐던 것입니다. 당신은 병자를 정죄합니까? 아니면 불쌍하게 여깁니까?

예수님은 자비로운 마음으로 사도들을 세우셨다

당신은 어떤 마음으로 일꾼을 세웁니까?

자비로운 마음으로 일꾼을 세워야 합니다.

예수님께서 기도하시러 산으로 가셨습니다. 예수님은 밤이 새도록 하나님께 기도하셨습니다. 날이 밝자 제자들을 부르셨고 그 중에서 열둘을 택하여 사도라 칭하셨습니다.

곧 베드로라고도 이름을 주신 시몬과 그의 동생 안드레와 야고보와 요한과 빌립과 바돌로매와 마태와 도마와 알패오의 아들 야고보와 셀롯이라는 시몬과 야고보의 아들 유다와 예수를 파는 자 될 가룟 유다였습니다. 그들은 율법적으로 완벽한 자들이 아니었습니다. 예수님은 자비로운 마음으로 제자를 택하여 사도로 세우셨습니다.

당신은 제자를 정죄합니까? 아니면 불쌍하게 여깁니까?

그들을 불쌍히 여기지 않으면 정죄하게 됩니다.

오늘부터 일꾼들을 불쌍히 여기십시오.

예수님은 자비로운 마음으로 귀신을 쫓아내셨다

당신은 어떤 마음으로 귀신들린 자를 고칩니까?

자비로운 마음으로 귀신들린 자를 고쳐야 합니다.

예수님께서 제자들과 함께 내려와 평지에 서셨습니다.

그 제자의 많은 무리와 예수님의 말씀도 듣고 병 고침을 받으려고 유대 사방과 예루살렘과 두로와 시돈의 해안으로부터 온 많은 백성도 있었습니다. 그때 더러운 귀신에게 고난 받는 자들이 고침을 받았습니다. 예수님은 귀신들린 자를 불쌍히 여기셨고 그들을 귀신의 괴롭힘에서 해방시키셨습니다.

당신은 귀신 들린 자를 정죄합니까? 아니면 불쌍하게 여깁니까?

귀신 들린 자를 정죄하지 말고 불쌍히 여기십시오.

지금 예수 이름으로 명령하여 귀신에게 나오라고 하십시오.

"예수 그리스도의 이름으로 명하노니 악한 영아, 모든 병을 가지고 그 사람에게서 나오고 다시는 들어가지 마라."

예수님의 자비로운 마음이 온 무리에게 흘러갔다

당신은 어떤 마음으로 무리를 대합니까?

자비로운 마음으로 무리를 대해야 합니다.

온 무리가 예수님을 만지려고 힘썼는데 이는 능력이 예수님께로부터 나와서 모든 사람을 낫게 했기 때문입니다. 능력은 자비하심을 통해 흘러 나갑니다. 그러므로 능력이 아닌 자비를 구해야 합니다. 능력은 이미 성령님을 통해 당신 안에 가득합니다. 하지만 자비로운 마음이 없으면 그 능력이 당신을 통해 흘러 나가지 않습니다.

병들고 연약한 무리를 정죄하지 말고 불쌍하게 여기십시오.

자신과 남을 모두 불쌍히 여기라

예수님께서 눈을 들어 제자들을 보시고 "항상 자비로운 마음을 가지라"고 말씀하셨습니다. 무엇을 불쌍히 여겨야 할까요?

누가복음 6장에 자세히 나옵니다.

첫째, 자신을 불쌍히 여겨야 합니다.

"너희 가난한 자는 복이 있나니 하나님의 나라가 너희 것임이요. 지금 주린 자는 복이 있나니 너희가 배부름을 얻을 것임이요. 지금 우는 자는 복이 있나니 너희가 웃을 것임이요. 인자로 말미암아 사람들이 너희를 미워하며 멀리하고 욕하고 너희 이름을 악하다 하여 버릴 때에는 너희에게 복이 있도다. 그 날에 기뻐하고 뛰놀라. 하늘에서 너희 상이 큼이라. 그들의 조상들이 선지자들에게 이와 같이 하였느니라."

둘째, 부요한 사람을 불쌍히 여겨야 합니다.

"그러나 화 있을진저 너희 부요한 자여, 너희는 너희의 위로를 이미 받았도다. 화 있을진저 너희 지금 배부른 자여, 너희는 주리리로다. 화 있을진저 너희 지금 웃는 자여, 너희가 애통하며 울리로다."

셋째, 칭찬을 추구하는 거짓 선지자를 불쌍히 여겨야 합니다.

"모든 사람이 너희를 칭찬하면 화가 있도다. 그들의 조상들이 거짓 선지자들에게 이와 같이 하였느니라."

넷째, 원수를 불쌍히 여겨야 합니다.

"그러나 너희 듣는 자에세 내가 이르노니 너희 원수를 사랑하며 너희를 미워하는 자를 선대하며 너희를 저주하는 자를 위하여 축복하며 너희를 모욕하는 자를 위하여 기도하라. 너의 이 뺨을 치는 자에게 저 뺨도 돌려 대며 네 겉옷을 빼앗는 자에게 속옷도 거절하지 말라. 네게 구하는 자에게 주며 네 것을 가져가는 자에게 다시 달라 하지 말며 남에게 대접을 받고자 하는 대로 너희도 남을 대접하라."

다섯째, 죄인들을 불쌍히 여겨야 합니다.

“너희가 만일 너희를 사랑하는 자만을 사랑하면 칭찬 받을 것이 무엇이냐? 죄인들도 사랑하는 자는 사랑하느니라. 너희가 만일 선대하는 자만을 선대하면 칭찬 받을 것이 무엇이냐? 죄인들도 이렇게 하느니라. 너희가 받기를 바라고 사람들에게 꾸어 주면 칭찬 받을 것이 무엇이냐? 죄인들도 그만큼 받고자 하여 죄인에게 꾸어 주느니라. 오직 너희는 원수를 사랑하고 선대하며 아무 것도 바라지 말고 꾸어 주라. 그리하면 너희 상이 클 것이요. 또 지극히 높으신 이의 아들이 되리니 그는 은혜를 모르는 자와 악한 자에게도 인자하시니라.”

여섯째, 하나님의 자비로우심 같이 당신도 자비로워야 합니다.

“너희 아버지의 자비로우심 같이 너희도 자비로운 자가 되라.”

일곱째, 비판하는 사람을 불쌍히 여기고 용서해야 합니다.

“비판하지 말라. 그리하면 너희가 비판을 받지 않을 것이요 정죄하지 말라. 그리하면 너희가 정죄를 받지 않을 것이요. 용서하라. 그리하면 너희가 용서를 받을 것이요.”

여덟째, 당신에게 뭔가 달라는 사람을 불쌍히 여겨야 합니다.

“주라, 그리하면 너희에게 줄 것이니 곧 후히 되어 누르고 흔들어 넘치도록 하여 너희에게 안겨 주리라. 너희가 헤아리는 그 헤아림으로 너희도 헤아림을 도로 받을 것이니라.”

아홉째, 맹인 된 지도자를 불쌍히 여겨야 합니다.

“또 비유로 말씀하시되 맹인이 맹인을 인도할 수 있느냐? 둘이 다 구덩이에 빠지지 아니하겠느냐.”

열째, 제자와 선생을 모두 불쌍히 여겨야 합니다.

“제자가 그 선생보다 높지 못하나 무릇 온전하게 된 자는 그 선생과 같으리라."

열한째, 허물 많은 형제를 불쌍히 여겨야 합니다. 당신은 그 형제보다 더 많은 허물을 갖고 있기 때문입니다. "내게 그런 말과 행동을 하다니? 괘씸한!"이라고 말하는 당신은, 몰라서 그렇지 그 사람보다 더 심한 말과 행동을 더 많이 했을 수도 있습니다.

"어찌하여 형제의 눈 속에 있는 티는 보고 네 눈 속에 있는 들보는 깨닫지 못하느냐? 너는 네 눈 속에 있는 들보를 보지 못하면서 어찌하여 형제에게 말하기를 형제여 나로 네 눈 속에 있는 티를 빼게 하라 할 수 있느냐? 외식하는 자여, 먼저 네 눈 속에서 들보를 빼라. 그 후에야 네가 밝히 보고 형제의 눈 속에 있는 티를 빼리라."

열둘째, 못된 나무와 좋은 나무, 모두 불쌍히 여겨야 합니다. 사람이 하나님의 은혜가 아니고는 좋은 열매를 맺을 수 없기 때문입니다. 모든 것은 하나님의 은혜입니다. 예수님이 말씀하셨습니다.

"못된 열매 맺는 좋은 나무가 없고 또 좋은 열매 맺는 못된 나무가 없느니라. 나무는 각각 그 열매로 아나니 가시나무에서 무화과를, 또는 찔레에서 포도를 따지 못하느니라. 선한 사람은 마음에 쌓은 선에서 선을 내고 악한 자는 그 쌓은 악에서 악을 내나니 이는 마음에 가득한 것을 입으로 말함이니라."

열셋째, 흙 위에 집을 지은 사람을 불쌍히 여겨야 합니다.

"너희는 나를 불러 주여 주여 하면서도 어찌하여 내가 말하는 것을 행하지 아니하느냐? 내게 나아와 내 말을 듣고 행하는 자마다 누구와 같은 것을 너희에게 보이리라. 집을 짓되 깊이 파고 주추를 반석 위에 놓은 사람과 같으니 큰 물이 나서 탁류가 그 집에 부딪치되 잘 지었기 때문에 능히 요동하지 못하게 하였거니와 듣고 행하지 아니하는 자는 주추 없이 흙 위에 집 지은 사람과 같으니 탁류가 부딪치매 집이 곧 무너져 파괴됨이 심하니라 하시니라."(눅 6:1~49)

다들 불쌍한 사람들입니다. 그들을 위해 눈물을 흘려야 합니다.

바울은 불쌍히 여기는 마음으로 눈물을 흘리며 말했습니다. "내가 여러 번 너희에게 말하였거니와 이제도 눈물을 흘리며 말하노니 여러 사람들이 그리스도의 십자가의 원수로 행하느니라."(빌 3:18)

당신에게는 그들을 위한 눈물이 있습니까? 그들을 하나님의 마음으로 불쌍히 여깁니까? 예수님의 마음이 어떤지 알고 싶습니까?

"예수께서 눈물을 흘리시더라."(요 11:35)

내가 복을 받은 것은 하나님의 자비하심 때문이다

당신은 하나님께 많은 복을 받았습니까?

나는 그동안 하나님께 정말 많은 복을 받았습니다.

나는 천만 원 들고 서울 잠실에 와서 교회를 개척했습니다. 그 천만 원은 결혼할 때 독립하기 위한 단칸방을 얻으라고 양가 부모님이 힘을 합해 전세금으로 주신 돈이었습니다. 그 돈을 교회 개척을 위한 헌금으로 드리고 나니 빈손이 되었습니다. 그런데 하나님은 기적을 베푸셔서 친구를 통해 300만 원을 주셨고 그 돈으로 보증금 300만 원에 월세 30만 원을 내는 지하방을 얻었습니다. 그렇게 보잘 것 없이 시작했는데 지금은 하나님이 백배의 복을 주셨습니다.

내가 받은 모든 복은 내 의의 결과가 아닙니다.

하나님이 자비로 주신 복입니다. 하나님은 나와 아내, 네 명의 자녀를 한없이 불쌍히 여기셨습니다. 이사야 선지자는 “이스라엘 집이 받은 모든 복은 하나님의 자비의 결과다”라고 말했습니다.

“내가 여호와께서 우리에게 베푸신 모든 자비와 그의 찬송을 말하며 그의 사랑을 따라, 그의 많은 자비를 따라 이스라엘 집에 베푸신 큰 은총을 말하리라.”(사 63:7)

나는 죄인이었고 목마른 자였고 병든 자였고 어리석은 자였고 징계를 받는 자였고 죽음 가운데 거하는 자였습니다. 그런 내가 예수를 구주로 믿고 모든 죄를 사함 받고 성령으로 거듭나 하나님의 자녀가 되었습니다. 그리스도 안에서 나는 의인이 되었고 성령 충만한 자가 되었고 건강한 자가 되었고 부요한 자가 되었고 지혜로운 자가 되었고 평화로운 자가 되었고 생명을 가진 자가 되었습니다.

이 모든 것이 하나님이 나를 불쌍히 여기시므로 베푸신 은혜의 결과입니다. 내가 나 된 것은 모두 하나님의 은혜입니다.

“그리스도 예수 안에 있는 속량으로 말미암아 하나님의 은혜로 값없이 의롭다 하심을 얻은 자 되었느니라.”(롬 3:24)

또한 나는 주의 종으로 부름 받아 전국과 세계를 다니며 말씀을 전했습니다. 수많은 사람들에게 안수하여 성령과 은사를 받게 했습니다. 책도 한 권이 아닌 100권이 넘게 썼고 출판사를 세워 사업을 하므로 좋은 집과 멋진 차도 샀습니다.

하지만 이 모든 것이 내게서 난 것이 아닙니다. 내게는 아무것도 없었는데 하나님이 자비를 베푸신 것입니다. 하나님이 나를 불쌍히 여겨 ‘책을 쓸 수 있는 지혜’를 주셨고 돈을 벌 수 있는 ‘재물 얻을 능력’을 주셨기 때문에 가능했습니다. 그리고 성령님의 도우심으로 하나님의 말씀을 깨닫고 정립하여 저술과 강연으로 전국과 세계에 많이 보급했는데 그 결과 수많은 사람들이 행복해졌습니다.

이 모든 것이 나와 가족, 모든 양떼를 불쌍히 여기신 하나님의 자비의 결과입니다. 내가 나 된 것은 오직 하나님의 은혜입니다.

사도 바울은 고린도전서 15장 10절에 이렇게 말했습니다. "그러나 내가 나 된 것은 하나님의 은혜로 된 것이니 내게 주신 그의 은혜가 헛되지 아니하여 내가 모든 사도보다 더 많이 수고하였으나 내가 한 것이 아니요 오직 나와 함께 하신 하나님의 은혜로라."

수십 년간 살면서 당신에게 뭔가 선한 것이 있었다면 그것은 모두 하나님의 은혜였음을 기억하고 그분께 감사하십시오.

"하나님, 하나님의 은혜에 억만 번이나 감사합니다."

성령님은 불쌍히 여기시는 분이다

당신은 성령님이 어떤 분이라고 생각하십니까?

성령님은 나와 가족, 교회와 양떼, 세계의 모든 영혼을 한없이 불쌍히 여기시는 분입니다. 성령님은 사랑과 자비의 영이십니다.

성령의 열매 중에 사랑이 대표적인 것입니다. "오직 성령의 열매는 사랑과 희락과 화평과 오래 참음과 자비와 양선과 충성과 온유와 절제니 이같은 것을 금지할 법이 없느니라."(갈 5:22~23)

사랑 안에 다른 모든 열매가 들어 있습니다.

"사랑은 오래 참고 사랑은 온유하며 시기하지 아니하며 사랑은 자랑하지 아니하며 교만하지 아니하며 무례히 행하지 아니하며 자기의 유익을 구하지 아니하며 성내지 아니하며 악한 것을 생각하지 아니하며 불의를 기뻐하지 아니하며 진리와 함께 기뻐하고 모든 것을 참으며 모든 것을 믿으며 모든 것을 바라며 모든 것을 견디느니라."(고전 13:4~7)

사랑은 다른 사람을 불쌍히 여기는 마음에서 시작됩니다.

불쌍히 여기면 오래 참고 온유하며 시기하지 않게 됩니다. 불쌍히 여기면 자랑하지 아니하며 교만하지 않게 됩니다. 불쌍히 여기면 무례히 행하지 않게 됩니다. 불쌍히 여기면 자기의 유익을 구하지 않게 됩니다. 불쌍히 여기면 성내지 않게 됩니다. 불쌍히 여기면 악한 것을 생각하지 않게 됩니다. 불쌍히 여기면 불의를 기뻐하지 않게 됩니다. 불쌍히 여기면 진리와 함께 기뻐하고 모든 것을 참으며 모든 것을 믿으며 모든 것을 바라며 모든 것을 견디게 됩니다.

아내를 불쌍히 여기십시오. 남편을 불쌍히 여기십시오. 자녀를 불쌍히 여기십시오. 부모를 불쌍히 여기십시오. 친구를 불쌍히 여기십시오. 양떼를 불쌍히 여기십시오. 목자를 불쌍히 여기십시오.

"우리 교회 목사님을 불쌍히 여기라고요? 중소기업 사장님을 불쌍히 여기라고요? 대기업 회장님을 불쌍히 여기라고요? 집과 빌딩 주인을 불쌍히 여기라고요? 대통령과 장관을 불쌍히 여기라고요?"

네, 그렇습니다. 그들을 모두 불쌍히 여기십시오.

"서로 친절하게 하며 불쌍히 여기며 서로 용서하기를 하나님이 그리스도 안에서 너희를 용서하심과 같이 하라."(엡 4:32)

성도들을 위해 눈물로 기도하는 담임 목사님이 얼마나 불쌍합니까? 노인 몇 명을 앉혀 놓고 목회하는 시골 목사님이 얼마나 불쌍합니까? 낙도와 해외에서 선교한다고 고생하는 선교사님들이 얼마나 불쌍합니까? 상가 지하에서 월세 내며 한 가정으로 시작하는 개척 교회 목사님들이 얼마나 불쌍합니까? 수만 명에게 말씀을 먹인다고 고생하는 대형 교회 목사님들이 얼마나 불쌍합니까? 수십만 명의 직원들과 그의 가족들이 밥그릇을 잃지 않고 어떻게든 먹고 살 궁리를 해야 하는 대기업 회장이 얼마나 불쌍합니까? 수천만 명, 수억의 국민들을 먹여 살리겠다고 애쓰는 대통령이 얼마나 불쌍합니까?

그들도 허물과 죄가 있지만 그런 그들을 불쌍히 여겨야 합니다.

대통령이나 장관들, 대기업 회장이나 중소기업 사장, 대학교 총장이나 교수들, 작가나 강연가, 사업가나 자산가들, 천재들이 누리는 집이나 차, 시계나 옷만 생각하며 시기 질투하지 마십시오. 그들이 누리는 것은 그들이 지고 있는 짐에 비하면 작은 것입니다.

그들을 비판하지 말고 존경하고 존중해야 합니다. 그들을 정죄하지 말고 불쌍히 여기며 그들을 위해 기도하며 축복해야 합니다.

첫째, 직원들은 상사를 모든 일에 마땅히 공경해야 합니다.

"무릇 멍에 아래에 있는 종들은 자기 상전들을 범사에 마땅히 공경할 자로 알지니 이는 하나님의 이름과 교훈으로 비방을 받지 않게 하려 함이라."(딤전 6:1)

둘째, 각 사람은 위에 있는 권세를 두려워하고 존경해야 합니다.

"각 사람은 위에 있는 권세들에게 복종하라. 권세는 하나님으로부터 나지 않음이 없나니 모든 권세는 다 하나님께서 정하신 바라. 그러므로 권세를 거스르는 자는 하나님의 명을 거스름이니 거스르는 자들은 심판을 자취하리라. 다스리는 자들은 선한 일에 대하여 두려움이 되지 않고 악한 일에 대하여 되나니 네가 권세를 두려워하지 아니하려느냐? 선을 행하라 그리하면 그에게 칭찬을 받으리라. 그는 하나님의 사역자가 되어 네게 선을 베푸는 자니라. 그러나 네가 악을 행하거든 두려워하라. 그가 공연히 칼을 가지지 아니하였으니 곧 하나님의 사역자가 되어 악을 행하는 자에게 진노하심을 따라 보응하는 자니라. 그러므로 복종하지 아니할 수 없으니 진노 때문에 할 것이 아니라 양심을 따라 할 것이라. 너희가 조세를 바치는 것도 이로 말미암음이라. 그들이 하나님의 일꾼이 되어 바로 이 일에 항상 힘쓰느니라. 모든 자에게 줄 것을 주되 조세를 받을 자에게 조세를 바치고 관세를 받을 자에게 관세를 바치고 두려워할 자를 두려워하며 존경할 자를 존경하라.(롬 13:1~7)

원수를 저주하지 말고 불쌍히 여기라

당신은 원수에 대해 어떤 마음을 갖고 있습니까?

"저놈의 원수, 당장 때려죽이고 싶어. 암이나 걸려라."

그런 마음을 가지면 당신이 먼저 암에 걸릴 수 있습니다.

예수님은 "너희 원수를 사랑하라"고 말씀하셨습니다.

"또 네 이웃을 사랑하고 네 원수를 미워하라 하였다는 것을 너희가 들었으나 나는 너희에게 이르노니 너희 원수를 사랑하며 너희를 박해하는 자를 위하여 기도하라."(마 5:43~44)

원수를 사랑하라는 것은 원수를 불쌍히 여기라는 말입니다. 당신은 원수를 불쌍히 여기고 있습니까? 아니면 원수를 미워하고 증오합니까? 예수님은 하나님 아버지의 마음을 말씀하신 것입니다. 구약 시대, 여호와 하나님의 마음은 원수를 사랑하고 불쌍히 여기는 것입니다. "원수를 갚지 말며 동포를 원망하지 말며 네 이웃 사랑하

기를 네 자신과 같이 사랑하라. 나는 여호와이니라."(레 19:18)

삼위일체 하나님 곧 여호와 하나님의 마음도 원수를 사랑하는 것이고 예수님의 마음도 원수를 사랑하는 것입니다. 그러면 예수의 영이신 성령님의 마음도 동일하게 원수를 사랑하는 것입니다.

하나님은 원수를 향해 분노하는 당신에게 말씀하십니다.

"내 사랑하는 자들아, 너희가 친히 원수를 갚지 말고 하나님의 진노하심에 맡기라. 기록되었으되 원수 갚는 것이 내게 있으니 내가 갚으리라고 주께서 말씀하시니라."(롬 12:19)

그러면 당신은 이렇게 생각할 수도 있습니다.

"맞아, 이 말씀대로 내가 원수를 갚지 말고 원수 갚는 것을 하나님께 맡겨야지. 그러면 하나님이 내 원수를 박살낼 거야. 원수가 암이나 중풍에 걸리거나 대형 교통사고로 사지가 마비되게 하실 거야. 아니면 큰 부도를 만나 그의 사업이 무너져 잿더미가 되게 하실 거야. 그러면 내게 와서 제발 살려 달라고 싹싹 빌겠지. 바로 그거야."

과연 그럴까요? 나는 그렇게 생각하지 않습니다.

하나님께 원수 갚는 것을 맡기면 어떤 일이 벌어질까요?

하나님은 당신의 원수를 불쌍히 여기고 변화시키십니다.

초대교회 시절, 수십만 명이 모이는 예루살렘 교회의 원수는 사울이었습니다. 사울은 예수 믿는 사람을 모두 잡아 죽이는 포악한 사람이었고 살인자였습니다. 그런 사울을 하나님께 맡긴다고 기도했을 때 어떤 일이 일어났습니까? 사울이 중풍이나 간질, 암이 생긴 것이 아닙니다. 다메섹 도상에서 예수를 만나 변화되었습니다. 사울은 바울이 되었고 이방인의 사도가 되었습니다. "다만 우리를 박해하던 자가 전에 멸하려던 그 믿음을 지금 전한다."(갈 1:23)

하나님은 원수를 죽이시는 분이 아니라 변화시키는 분이십니다.
"그렇게 나쁜 사람은 가만 두면 안 되지? 죽이셔야 해."
바울은 가장 나쁜 사람인데 가장 좋은 사람으로 바뀌었습니다.
"나는 사도 중에 가장 작은 자라. 나는 하나님의 교회를 박해하였으므로 사도라 칭함 받기를 감당하지 못할 자니라. 그러나 내가 나 된 것은 하나님의 은혜로 된 것이니 내게 주신 그의 은혜가 헛되지 아니하여 내가 모든 사도보다 더 많이 수고하였으나 내가 한 것이 아니요. 오직 나와 함께 하신 하나님의 은혜로라."(고전 15:9~10)
당신도 이러한 은혜를 받은 사람입니다. 그렇지 않습니까?
나도 하나님의 은혜로 주의 종이 되었습니다.

성령님은 영원히 자비하신 분이다

당신은 혹시 진노하시는 하나님을 좋아하지 않습니까?
"하나님은 진노하시는 무서운 분이 아닌가요? 그렇게 사람들을 불쌍히 여기기만 하면 공의의 하나님은 어디 있나요?"
맞습니다. 하나님은 모세에게 "나는 인자를 천대까지 베풀며 악과 과실과 죄를 용서하리라. 그러나 벌을 면제하지는 아니하고 아버지의 악행을 자손 삼사 대까지 보응하리라"(출 34:7)고 하셨습니다. 그러나 진노는 잠시이며 자비는 영원합니다. "내가 넘치는 진노로 내 얼굴을 네게서 잠시 가렸으나 영원한 자비로 너를 긍휼히 여기리라. 네 구속자 여호와께서 말씀하셨느니라."(사 54:8)
하나님의 성품은 영원한 자비하심, 곧 불쌍히 여기심입니다.

하나님은 당신을 비롯한 모든 사람을 불쌍히 여기십니다.

"나쁜 짓을 하거나 부도나서 쫓기는 사람은 어떻게 하죠?"

나쁜 짓을 했으면 회개하고 돌이켜야 합니다. 부도났으면 그 문제를 해결하기까지 쫓겨 다녀야 합니다. 그러나 언제까지나 쫓겨 다니고 숨어 지낼 수는 없습니다. 사람들 앞에 담대히 나타나서 그 문제를 해결해야 합니다. 위치를 바꾸어 공격해야 문제가 해결됩니다. 이 말을 중얼거리며 가슴에 새기고 실천하십시오.

"내가 언제까지나 이렇게 쫓겨 다니고 숨어 지낼 수는 없다. 나를 공격하는 사람들 앞에게 가서 이 문제를 해결하겠다. 위치를 바꾸어 공격해야 문제가 해결된다. 이 문제를 해결해야 나는 자유를 얻는다."

하나님은 사람이 감당치 못할 시험 당함을 허락지 않으십니다.

자신이 감당할 수 있는 것은 어떻게든 감당해야 합니다. 하나님은 당신에게 감당할 수 있는 힘과 지혜를 주십니다. 그렇지 않으면 사람이 생각지도 못한 피할 길을 내시므로 하루 만에 해결해 주십니다. 사람의 힘으로 능으로 안 되는 일들이 많습니다. 그럴 때 어떻게 해야 할까요? 하나님의 불쌍히 여기심이 있어야 합니다. 하나님의 자비하심이 있으면 쫓기는 자들이 자기 땅으로 돌아올 수 있게 됩니다. 이러한 자비하심이 있기를 위해 기도해야 합니다.

나는 어떤 이유에서든 쫓기는 사람들을 위해 기도할 때 "하나님, 그에게 자비를 베풀어 주세요. 어떻게든 그 문제를 해결할 수 있는 지혜와 힘을 주세요"라고 그들을 불쌍히 여기며 기도합니다.

당신도 이러한 '돌아옴의 은혜'를 사모하십시오.

"너희가 만일 여호와께 돌아오면 너희 형제들과 너희 자녀가 사로잡은 자들에게서 자비를 입어 다시 이 땅으로 돌아오리라. 너희 하나님 여호와는 은혜로우시고 자비하신지라. 너희가 그에게로 돌아오면 그의 얼굴을 너희에게서 돌이키지 아니하시리라."(대하 30:9)

성령님은 쫓기는 자를 친히 돌아오게 하시는 자비하신 분입니다.

"내가 친히 내 양의 목자가 되어 그것들을 누워 있게 할지라. 주 여호와의 말씀이니라. 그 잃어버린 자를 내가 찾으며 쫓기는 자를 내가 돌아오게 하며……."(겔 34:15~16)

성령님은 집을 나간 아들도 돌아오게 하시는 분입니다.

당신 주위에 집을 나간 사람, 쫓기는 사람은 누구입니까?

그를 불쌍히 여기는 마음으로 하나님께 기도하십시오.

하나님이 반드시 응답하실 것입니다.

어려움을 만난 이웃을 정죄하지 말고 도와주라

당신은 큰 어려움을 만난 형제를 어떻게 대합니까?

그를 자비하신 하나님의 마음으로 불쌍히 여기며 도와줍니까?

혹시 그를 판단하고 비판하고 정죄하고 꾸짖지는 않습니까?

한 율법 교사가 일어나서 예수님을 시험하여 말했습니다.

"선생님, 내가 무엇을 해야 영생을 얻겠습니까?"

예수님께서 그에게 말씀하셨습니다. "율법에 무엇이라고 기록하였으며, 너는 그것을 어떻게 읽고 있느냐?"

그가 대답했습니다. "네 마음을 다하고 네 목숨을 다하고 네 힘을 다하고 네 뜻을 다하여 주 너의 하나님을 사랑하라고 했고 또 네 이웃을 네 몸같이 사랑하라고 했습니다."

예수님께서 그에게 말씀하셨습니다.

"네 대답이 옳다. 그대로 행하라. 그리하면 살 것이다."

그런데 그 율법 교사는 자기를 옳게 보이고 싶어서 예수님께 물었습니다. "그러면, 내 이웃이 누구입니까?"

예수님께서 대답하셨습니다.

"한 사람이 예루살렘에서 여리고로 내려가다가 강도들을 만났다. 강도들이 그 옷을 벗기고 때려서, 거의 죽게 된 채로 내버려두고 갔다. 마침 어떤 제사장이 그 길로 내려가다가 그 사람을 보고 피해 지나갔다. 레위 사람도 그 곳에 이르러 그 사람을 보고 피해 지나갔다. 그러나 어떤 사마리아 사람은 길을 가다가 그 사람이 있는 곳에 이르러 그를 보고 불쌍한 마음이 들어 가까이 가서 그 상처에 올리브기름과 포도주를 붓고 싸맨 다음에, 자기 짐승에 태워 여관으로 데리고 가서 돌보아 주었다. 다음 날, 그는 두 데나리온을 꺼내 여관 주인에게 주며 말하길 '이 사람을 돌봐 달라. 비용이 더 들면 내가 돌아오는 길에 갚겠다'고 했다. 너는 이 세 사람 가운데서 누가 강도 만난 사람에게 이웃이 되어 주었다고 생각하느냐?"

그가 대답했습니다. "자비를 베푼 사람입니다."

예수님께서 그에게 말씀하셨습니다.

"가서 너도 이와 같이 하라."(눅 10:37)

예수님은 강도 만난 이웃과 같은 우리를 구원하기 위해 십자가에 매달려 피와 땀과 눈물을 흘리며 죽으셨습니다. 예수님은 자비하고 신실한 대제사장이셨습니다. "그러므로 그가 범사에 형제들과 같이 되심이 마땅하도다. 이는 하나님의 일에 자비하고 신실한 대제사장이 되어 백성의 죄를 속량하려 하심이라"(히 2:17)고 했습니다.

예수 그리스도는 어제나 오늘이나 영원토록 동일하신 분입니다.

그분은 어제도 자비하시고 오늘도 자비하시고 영원토록 자비하신 분입니다. "산들이 떠나며 언덕들은 옮겨질지라도 나의 자비는 네게서 떠나지 아니하며 나의 화평의 언약은 흔들리지 아니하리라. 너를 긍휼히 여기시는 여호와께서 말씀하셨느니라."(사 54:10)

이처럼 자비하신 예수님이 지금 당신 안에 실제로 살아 계십니다. 그러므로 어려움을 만난 이웃을 불쌍히 여기십시오.

직장 동료를 불쌍히 여기고 도와주라

당신은 직장 동료나 친구를 불쌍히 여깁니까?

하루는 베드로가 예수님께 다가와서 물었습니다.

"주님, 내 형제가 나에게 자꾸 죄를 지으면, 내가 몇 번이나 용서해 줘야 합니까? 일곱 번까지 해야 합니까?"

예수님께서 내답하셨습니다.

"일곱 번만이 아니라, 일흔 번을 일곱 번이라도 하여야 한다."

그리고 베드로에게 놀라운 이야기를 해주셨습니다.

"하늘나라는 종들과 계산을 하려는 왕과 같다. 계산을 시작하자 10,000달란트 빚진 한 종이 왕 앞에 끌려왔다. 그 종은 빚을 갚을 돈이 없었다. 왕이 종에게 그와 아내와 자식들과 그가 가진 것 전부를 팔아서 빚을 갚으라고 명령했다. 그러자 종은 왕에게 엎드려 '조금만 참아 주십시오. 그러면 다 갚겠습니다'라고 간청했다. 그래서 왕은 그를 불쌍히 여겨 빚을 모두 면제해 주고 놓아 주었다. 그러나 그 종은 나가 자기에게 100데나리온 빚진 동료를 만나 멱살을 잡고 '당장 내 돈 내놔!' 하면서 재촉했다. 그 동료는 엎드려 '조금만 참아 주게. 반드시 갚겠네' 라고 간청했다. 그러나 그 종은 그 사람의 간청을 들어주지 않고 빚을 다 갚을 때까지 그를 감옥에 가둬 버렸다. 다른 종들이 그가 하는 짓을 보고 몹시 마음이 아파 왕에게 가서 모두 일러바쳤다. 그러자 왕이 그 종을 불러 말했다. '네 이놈, 네가 간청하기에 모든 빚을 면제해 주지 않았느냐? 그렇다면 내가 너를 불쌍히 여긴 것처럼 너도 네 동료를 불쌍히 여기는 것이 마땅하지 않느냐?' 그리고서 왕은 화를 내며 빚을 다 갚을 때까지 그 종을 가두어 두었다. 너희가 전심으로 형제를 용서하지 않으면 하늘에 계신 내 아버지께서도 너희에게 그와 같이 하실 것이다."(마 18:23~35)

주님께서 지금 당신에게도 똑같이 말씀하십니다.

"내가 너를 불쌍히 여김과 같이 너도 네 동료를 불쌍히 여김이 마땅하지 아니하냐?"(마 18:33)

당신은 예수님의 보혈로 억만 가지 죄를 용서 받은 사람입니다.

형제를 불쌍히 여기고 그의 모든 허물과 죄를 용서하십시오.

병들고 가난한 사람을 정죄하지 말고 불쌍히 여기라

당신이 불쌍히 여겨야 할 사람은 누굴까요?

혹시 병들고 가난한 사람을 보면 이렇게 말하지 않습니까?

"아마 큰 죄를 지었기 때문에 저런 형벌을 받는 걸 거야."

아닙니다. 그 사람이 받아야 할 모든 형벌은 예수님이 십자가에서 받으셨습니다. "그는 곤욕과 심문을 당하고 끌려갔으나 그 세대 중에 누가 생각하기를 '그가 살아 있는 자들의 땅에서 끊어짐은 마땅히 형벌 받을 내 백성의 허물 때문이라' 하였으리요."(사 53:8) 그러므로 이유를 따지지 말고 모든 사람을 불쌍히 여겨야 합니다.

병들고 가난한 사람을 정죄하지 말고 불쌍히 여기십시오.

구체적으로 어떤 사람을 불쌍히 여겨야 할까요?

1) 과부를 정죄하지 말고 불쌍히 여겨야 합니다.

"주께서 과부를 보시고 불쌍히 여기사……."(눅 7:13)

2) 주의 종들을 정죄하지 말고 불쌍히 여겨야 합니다.

"주의 종들을 불쌍히 여기소서."(시 90:13)

3) 맹인을 정죄하지 말고 불쌍히 여겨야 합니다.

"예수께서 불쌍히 여기사 그들의 눈을 만지시니."(마 20:34)

4) 강도 만난 자를 정죄하지 말고 불쌍히 여겨야 합니다.

"어떤 사마리아 사람은 여행하는 중 거기 이르러 그를 보고 불쌍히 여겨."(눅 10:33)

5) 가난한 사람을 정죄하지 말고 불쌍히 여겨야 합니다.

“그는 가난한 자와 궁핍한 자를 불쌍히 여기며…….”(시 72:13)

6) 빈곤한 자를 정죄하지 말고 불쌍히 여겨야 합니다.

“이웃을 업신여기는 자는 죄를 범하는 자요 빈곤한 자를 불쌍히 여기는 자는 복이 있는 자니라.”(잠 14:21)

7) 가난한 자를 정죄하지 말고 불쌍히 여겨야 합니다.

“가난한 자를 불쌍히 여기는 것은 여호와께 꾸어 드리는 것이니 그의 선행을 그에게 갚아 주시리라.”(잠 19:17)

8) 노인과 유아를 정죄하지 말고 불쌍히 여겨야 합니다.

“그 용모가 흉악한 민족이라. 노인을 보살피지 아니하며 유아를 불쌍히 여기지 아니하며.”(신 28:50)

9) 무리를 보면 정죄하지 말고 불쌍히 여겨야 합니다.

“예수께서 무리를 보시고 불쌍히 여기시니 이는 그들이 목자 없는 양과 같이 고생하며 기진함이라.”(마 9:36)

10) 정죄하지 않고 불쌍히 여길 때 하나님이 일하십니다.

“내가 무리를 불쌍히 여기노라. 그들이 나와 함께 있은 지 이미 사흘이 지났으나 먹을 것이 없도다.”(막 8:2)

11) 하나님의 백성을 정죄하지 말고 불쌍히 여겨야 합니다.

“그 때에 여호와께서 자기의 땅을 극진히 사랑하시어 그의 백성

을 불쌍히 여기실 것이라."(욜 2:18)

12) 고아를 정죄하지 말고 불쌍히 여겨야 합니다.

"바로의 딸이 목욕하러 나일 강으로 내려오고 시녀들은 나일 강가를 거닐 때에 그가 갈대 사이의 상자를 보고 시녀를 보내어 가져다가 열고 그 아기를 보니 아기가 우는지라. 그가 그를 불쌍히 여겨 이르되 이는 히브리 사람의 아기로다."(출 2:5~6)

13) 예루살렘을 정죄하지 말고 불쌍히 여겨야 합니다.

"예루살렘아, 너를 불쌍히 여길 자 누구며 너를 위해 울 자 누구며 돌이켜 네 평안을 물을 자 누구냐?"(렘 15:5)

14) 형제를 정죄하지 말고 불쌍히 여겨야 합니다.

"마지막으로 말하노니 너희가 다 마음을 같이하여 동정하며 형제를 사랑하며 불쌍히 여기며 겸손하며……."(벧전 3:8)

15) 나병환자를 정죄하지 말고 불쌍히 여겨야 합니다.

"예수께서 불쌍히 여기사 손을 내밀어 그에게 대시며 이르시되 내가 원하노니 깨끗함을 받으라 하시니……."(막 1:41)

16) 병든 자녀를 정죄하지 말고 불쌍히 여겨야 합니다.

"주여, 내 아들을 불쌍히 여기소서. 그가 간질로 심히 고생하여 자주 불에도 넘어지며 물에도 넘어지는지라."(마 17:15)

17) 죽은 사람을 정죄하지 말고 불쌍히 여겨야 합니다.

“예수께서 그가 우는 것과 또 함께 온 유대인들이 우는 것을 보시고 심령에 비통히 여기시고 불쌍히 여기사…….”(요 11:33)

18) 서로 정죄하지 말고 불쌍히 여겨야 합니다.

“서로 친절하게 하며 불쌍히 여기며 서로 용서하기를 하나님이 그리스도 안에서 너희를 용서하심과 같이 하라.”(엡 4:32)

19) 귀신 들린 자를 정죄하지 말고 불쌍히 여겨야 합니다.

“가나안 여자 하나가 그 지경에서 나와서 소리 질러 이르되 ‘주 다윗의 자손이여, 나를 불쌍히 여기소서. 내 딸이 흉악하게 귀신 들렸나이다’ 하되…….”(마 15:22)

20) 군대 귀신 들린 자를 정죄하지 말고 불쌍히 여겨야 합니다.

“예수께서 배에 오르실 때에 귀신 들렸던 사람이 함께 있기를 간구하였으나 허락하지 아니하시고 그에게 이르시되 집으로 돌아가 주께서 네게 어떻게 큰 일을 행하사 너를 불쌍히 여기신 것을 네 가족에게 알리라 하시니…….”(막 5:18~19)

21) 비판받는 사람을 정죄하지 말고 불쌍히 여겨야 합니다.

“비방이 나의 마음을 상하게 하여 근심이 충만하니 불쌍히 여길 자를 바라나 없고 긍휼히 여길 자를 바라나 찾지 못하였나이다.”(시 69:20)

22) 징계 받는 사람을 정죄하지 말고 불쌍히 여겨야 합니다.

"내가 노하여 너를 쳤으나 이제는 나의 은혜로 너를 불쌍히 여겼은즉 이방인들이 네 성벽을 쌓을 것이요. 그들의 왕들이 너를 섬길 것이며……."(사 60:10)

23) 죄인을 정죄하지 말고 불쌍히 여겨야 합니다.

"세리는 멀리 서서 감히 눈을 들어 하늘을 쳐다보지도 못하고 다만 가슴을 치며 이르되 '하나님이여, 불쌍히 여기소서. 나는 죄인이로소이다' 하였느니라."(눅 18:13)

24) 굶주린 사람들을 정죄하지 말고 불쌍히 여겨야 합니다.

"예수께서 제자들을 불러 이르시되 내가 무리를 불쌍히 여기노라. 그들이 나와 함께 있은 지 이미 사흘이매 먹을 것이 없도다. 길에서 기진할까 하여 굶겨 보내지 못하겠노라."(마 15:32)

25) 포로 된 자들을 정죄하지 말고 불쌍히 여겨야 합니다.

"내가 그 포로 된 자를 돌아오게 하고 그를 불쌍히 여기리라."(렘 33:26)

26) 에브라임을 정죄하지 말고 불쌍히 여겨야 합니다.

"에브라임은 나의 사랑하는 아들 기뻐하는 자식이 아니냐? 내가 그를 책망하여 말할 때마다 깊이 생각하노라. 그러므로 그를 위하여 내 창자가 들끓으니 내가 반드시 그를 불쌍히 여기리라. 여호와의 말씀이니라."(렘 31:20)

27) 노예들을 정죄하지 말고 불쌍히 여겨야 합니다.

"우리가 비록 노예가 되었사오나 우리 하나님이 우리를 그 종살이하는 중에 버려두지 아니하시고 바사 왕들 앞에서 우리가 불쌍히 여김을 입고 소생하여 우리 하나님의 성전을 세우게 하시며 그 무너진 것을 수리하게 하시며 유다와 예루살렘에서 우리에게 울타리를 주셨나이다."(스 9:9)

당신은 지금 누구를 정죄하고 있습니까? 정죄하지 마십시오.

"그러므로 남을 판단하는 사람아, 누구를 막론하고 네가 핑계하지 못할 것은 남을 판단하는 것으로 네가 너를 정죄함이니 판단하는 네가 같은 일을 행함이니라."(롬 2:1)

그리스도 예수 안에 있는 자들에게는 결코 정죄함이 없습니다.

"그러므로 이제 그리스도 예수 안에 있는 자에게는 결코 정죄함이 없나니 이는 그리스도 예수 안에 있는 생명의 성령의 법이 죄와 사망의 법에서 너를 해방하였음이라."(롬 8:1~2)

자신과 남을 정죄하지 말고 불쌍히 여기기 바랍니다.

예수님도 정죄하지 않는 사람들을 왜 당신이 정죄합니까?

현장에서 간음하다가 잡혀 온 여자에게 예수님께서 말씀하셨습니다. "여자여, 너를 고발하던 그들이 어디 있느냐? 너를 정죄한 자가 없느냐? 대답하되 주여, 없나이다. 예수께서 이르시되 나도 너를 정죄하지 아니하노니 가서 다시는 죄를 범하지 말라."(요 8:10~11)

예수님은 당신도 정죄하지 않고 불쌍히 여기십니다.

당신도 정죄하지 말고 불쌍히 여기십시오.

이웃 사랑의 핵심은 '불쌍히 여기는 마음'이다

당신은 이웃 사랑이 무엇이라고 생각합니까?

이웃 사랑의 핵심은 자비 곧 '불쌍히 여기는 마음'입니다.

그래서 하나님은 모세에게 자신을 나타내 보이실 때 "여호와라, 여호와라. 자비롭고 은혜롭고 노하기를 더디 하고 인자와 진실이 많은 하나님이라"(출 34:6)고 하신 것입니다.

사랑은 하나님께 속한 것이며 하나님은 곧 사랑이십니다. "사랑하는 자들아, 우리가 서로 사랑하자 사랑은 하나님께 속한 것이니 사랑하는 자마다 하나님으로부터 나서 하나님을 알고."(요일 4:7)

모든 사람을 불쌍히 여기면 인간관계에 두려움이 사라집니다.

"사랑 안에 두려움이 없고 온전한 사랑이 두려움을 내쫓나니 두려움에는 형벌이 있음이라. 두려워하는 자는 사랑 안에서 온전히 이루지 못하였느니라."(요일 4:18)

하나님이 당신을 사랑하시고 불쌍히 여기셨으니 당신도 사람들을 사랑하고 불쌍히 여기는 것이 마땅합니다. "사랑하는 자들아, 하나님이 이같이 우리를 사랑하셨은즉 우리도 서로 사랑하는 것이 마땅하도다."(요일 4:11)

당신을 사랑하는 사람만 사랑하지 말고 모든 사람을 사랑해야 합니다. "너희가 만일 너희를 사랑하는 자만을 사랑하면 칭찬 받을 것이 무엇이냐 죄인들도 사랑하는 자는 사랑하느니라."(눅 6:32)

당신이 이웃을 불쌍히 여기는 마음을 가지면 그를 사랑하게 되고 그러면 저절로 율법을 완성하게 됩니다. "사랑은 이웃에게 악을 행하지 아니하나니 그러므로 사랑은 율법의 완성이니라."(롬 13:10)

이것이 곧 성령님의 마음입니다.

성령님, 어떻게 할까요 . 제 6 부 - 김사라

‘성령님, 어떻게 할까요’라고 물어라

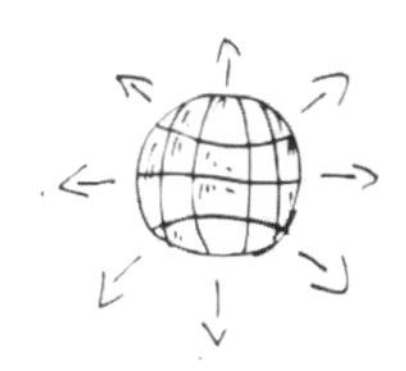

당신은 무엇으로 살고 있습니까?

나는 예전에 톨스토이의 소설 〈사람은 무엇으로 사는가〉를 감명 깊게 읽은 적이 있습니다. 과연 사람은 무엇으로 살까요? 성경은 “의인이 오직 믿음으로 살리라”고 말씀합니다. 믿음으로 산다고 해서 전혀 문제가 없는 것은 아닙니다. 주위에 믿음 없는 사람들의 시기와 질투, 비방과 박해가 있기 때문에 스트레스를 받게 됩니다.

그 모든 스트레스를 성령님과 함께 잘 이겨내야 합니다.

어떻게 하면 스트레스를 이겨내고 행복하게 살 수 있을까요?

그것은 바로 매일 ‘성령님과 동행하는 습관’을 따라 사는 것입니다. “사람은 습관의 동물이다”라는 말도 있듯이 습관이 인생을 만듭니다. 당신은 지금 어떤 습관을 따라 살고 있습니까?

나쁜 습관을 버리고 좋은 습관을 가져야 합니다.

나는 매일 아침에 기도하는 습관이 있다

어떻게 하면 성령님과 동행하는 습관을 가질 수 있을까요?

우선순위를 정하고 '습관을 따라' 반복된 생활을 해야 합니다.

나는 아침에 일어나면 커튼을 활짝 열고 침대를 간단히 정리합니다. 그 후에 가장 먼저 내 영이 강해지기 위해 한 시간 정도 방언으로 기도하는데 이때 성경 말씀을 펴 놓고 읽으면서 묵상합니다.

결혼 전에 이미 내게 그런 좋은 습관이 자리 잡고 있었습니다.

그때는 모든 시간이 나만의 자유로운 시간이었기에 성경 말씀을 읽고 기도하는 것이 매일 가능했고 가장 즐거운 시간이었습니다.

내가 처음 예수님을 믿고, 나와 동행하시는 예수님이 너무 좋아서 매일 아침 직장에 출근할 때 교회에 들러 기도했고 또 퇴근하면서도 교회에 들러 기도하곤 했습니다. 길을 걸으면서도 성령님과 대화를 나누었고 잠자리에 들어서도 주님과 사랑의 교제를 나누다 밤을 새기도 했습니다. 내 삶 전반이 주님께만 온전히 집중되어 있었습니다. 하지만 결혼한 후로는 상황이 180도 달라졌습니다.

아이를 돌보고 살림하느라 기도는 예배 시간에만 할 수 있었고 성경 말씀을 보는 것은 까맣게 잊어버릴 정도로 정신없이 바쁜 하루하루를 보내게 되었습니다. 말씀을 읽지 못하고 생활하는 것이 몇 년 지나자 내 영이 주님보다 사람과 환경에 더 민감해지게 되었습니다. 그러자 내 의도와 상관없이 작은 일에도 상처받고 마음이 점점 약해지는 것을 발견하게 되었습니다. 주님은 그런 내게 "처음 사랑을 회복하라"고 말씀하셨습니다.

"그러나 너를 책망할 것이 있나니 너의 처음 사랑을 버렸느니라.

그러므로 어디서 떨어졌는지를 생각하고 회개하여 처음 행위를 가지라."(계 2:4~5)

성령님 어떻게 할까요?

당신은 순간마다 성령님께 묻습니까?

나는 순간마다 성령님께 "어떻게 할까요?"라고 묻습니다.

"성령님 어떻게 할까요?"라고 물으며 도움을 구할 때 어떤 사람은 "내가 원하는 것을 이루고 싶은데 어떻게 할까요?"라고 묻고 또 어떤 사람은 "정말 무엇을 어떻게 해야 할지 몰라요. 하나님이 원하시는 뜻은 무엇인가요?"라고 묻기도 합니다.

둘 다 괜찮습니다. 어쨌든 물으면 그분은 대답하십니다.

리브가는 문제가 생겼을 때 어떻게 해야 할지 몰라 물었습니다.

"이삭이 그의 아내가 임신하지 못하므로 그를 위하여 여호와께 간구하매 여호와께서 그의 간구를 들으셨으므로 그의 아내 리브가가 임신하였더니 그 아들들이 그의 태 속에서 서로 싸우는지라. 그가 이르되 '이럴 경우에는 내가 어찌할꼬?' 하고 가서 여호와께 묻자온대 여호와께서 그에게 이르시되 '두 국민이 네 태중에 있구나. 두 민족이 네 복중에서부터 나누이리라. 이 족속이 저 족속보다 강하겠고 큰 자가 어린 자를 섬기리라' 하셨더라."(창 25:21~23)

물으면 성령님은 대답하십니다. 묻지 않으면 가만히 계십니다.

다윗은 끊임없이 여호와의 영이신 성령님께 물었지만 사울은 묻지 않으므로 왕의 자리에서 버림받고 죽었습니다.

"사울이 죽은 것은 여호와께 범죄하였기 때문이라. 그가 여호와의 말씀을 지키지 아니하고 또 신접한 자에게 가르치기를 청하고 여호와께 묻지 아니하였으므로 여호와께서 그를 죽이시고 그 나라를 이새의 아들 다윗에게 넘겨주셨더라."(대상 10:13~14)

당신이 성령님과 동업하려면 그분께 물어야 합니다.

처음에는 묻다가 나중에 묻지 않는 사람은 교만해진 것입니다.

그런 사람은 처음 사랑과 믿음, 처음 행위를 회복해야 합니다.

처음에 예수를 믿을 때는 성령님의 음성이 잘 들렸는데 어느 순간부터 더 이상 들리지 않는 사람은 마음이 교만해져서 그렇습니다. 그 사람은 문제가 생겨도 성령님께 묻지 않고 혼자 머리를 굴리며 고민하고 괴로워합니다. 다시 겸손으로 허리를 동여야 합니다. 사도 베드로는 말했습니다. "그러므로 너희 마음의 허리를 동이고 근신하여 예수 그리스도께서 나타나실 때에 너희에게 가져다주실 은혜를 온전히 바랄지어다."(벧전 1:13)

죄인이었던 우리가 예수 그리스도의 대속의 은혜로 하나님의 자녀가 되는 순간 말할 수 없는 감사와 감격이 넘쳤고 우리 안에 계신 주님과의 뜨거운 사랑에 빠져 한없이 행복했습니다. 우리와 동행하시는 주님께 날마다 사랑을 고백하며 그분께 푹 빠져 살았습니다. 우리의 온 마음과 생각이 오직 주님께 맞춰져 있었습니다. 하늘 아래 그 무엇도 두렵지 않았습니다. 주님이 우리의 든든한 방패가 되시고 백이 되시기 때문입니다. 이런 믿음으로 사는 것이 하나님이 우리에게 원하시는 뜻입니다. 우리가 무엇을 해서 하나님이 기뻐하시는 것이 아닙니다. 우리의 마음이 어디에 있느냐가 중요합니다.

우리는 이러한 성령님의 마음을 알아야 합니다.

"누가 주의 마음을 알았느냐? 누가 그의 모사가 되었느냐?"

주님의 마음이고 모사입니까? 그 다음 구절에 자세히 나옵니다.

"누가 주께 먼저 드려서 갚으심을 받겠느냐? 이는 만물이 주에게서 나오고 주로 말미암고 주에게로 돌아감이라. 그에게 영광이 세세에 있을지어다. 아멘."(롬 11:34~36)

행위로 하나님을 기쁘시게 할 수 없다는 것입니다.

만물이 다 주님의 것이므로 만물을 드린다고 주님을 기쁘시게 할 수 있는 것이 아닙니다. 만물보다 더 큰 '마음'을 드려야 합니다.

"내 아들아 네 마음을 내게 주며……."(잠 23:26)

하나님의 은혜를 인정하고 믿고 감사하며 행복하게 생활하십시오. 이런 큰 은혜를 주신 하나님을 뜨겁게 사랑하고 의지하십시오.

하나님은 당신 없이도 그분의 일을 다 이루시고 그분의 뜻을 다 펼치시는 전능하신 분입니다. 그분이 당신에게 원하시는 것은 오직 한 가지 곧 '마음'입니다. 그분은 당신이 온 마음을 다해 주님을 전심으로 사랑하기를 원하십니다. 예수님은 이렇게 말씀하셨습니다.

"네 마음을 다하고 목숨을 다하고 뜻을 다하고 힘을 다하여 주 너의 하나님을 사랑하라."(막 12:30)

하나님께 크게 쓰임 받으려고 몸부림치지 마십시오.

큰일을 하는 것보다 주님을 사랑하는 것이 더 중요합니다.

첫째, 주님을 사랑하면 주님께서 당신을 크게 쓰실 것입니다.

"요한의 아들 시몬아, 네가 이 사람들보다 나를 더 사랑하느냐? 하시니 이르되 주님, 그러하나이다. 내가 주님을 사랑하는 줄 주님께서 아시나이다. 이르시되 내 어린 양을 먹이라."(요 21:15)

둘째, 주님을 사랑하면 주님께서 당신에게 복을 주십니다.

"나를 사랑하는 사람에게는 내가 재물을 주어서, 그의 금고가 가득 차게 하여 줄 것이다."(잠 8:21, 새번역)

셋째, 주님을 사랑하면 모든 것을 합력하여 선을 이루십니다. "우리가 알거니와 하나님을 사랑하는 자 곧 그의 뜻대로 부르심을 입은 자들에게는 모든 것이 합력하여 선을 이루느니라."(롬 8:28)

그분을 사랑하지도 않으면서 어떻게 그분을 위해 목숨을 불사르겠다고 말합니까? 나는 사람들이 순수한 마음으로 하나님을 사랑하기보다 하나님의 능력을 사용해서 자신을 드러내고 싶어 하며 자신이 대단한 인물임을 나타내고 싶어 하는 것을 종종 봐 왔습니다.

하나님 앞에서는 그 모든 것이 아무 유익이 없습니다.

"내가 내게 있는 모든 것으로 구제하고 또 내 몸을 불사르게 내줄지라도 사랑이 없으면 내게 아무 유익이 없느니라."(고전 13:3)

하나님은 전심으로 그분을 믿고, 그분을 찾고, 온 마음을 다해 그분을 사랑하는 사람을 통해 그분의 능력을 나타내십니다.

"여호와의 눈은 온 땅을 두루 감찰하사 전심으로 자기에게 향하는 자를 위하여 능력을 베푸시나니."(대하 16:9)

하나님을 전심으로 사랑하지 않으면서 대단한 일을 해서 인정받겠다고 설치는 사람들을 보면 참으로 안타깝습니다.

우리를 사용하시는 분은 하나님이십니다.

모든 것은 하나님의 절대 주권에 있습니다.

그분이 원하시는 대로 어떤 것은 금 그릇으로 쓰시고 또 어떤 것은 토기 그릇으로 쓰십니다. 모두 하나님 앞에서는 소중합니다. 손이 자기가 원한다고 발이 될 수 없습니다. "나는 입이 될 거야" "나는 눈이 되고 싶어"라고 말하지 말고 "하나님이 원하시는 대로 나를 써 주세요"라는 자세로 주님 앞에서 충성해야 합니다.

"리브가가 우리 조상 이삭 한 사람으로 말미암아 임신하였는데 그 자식들이 아직 나지도 아니하고 무슨 선이나 악을 행하지 아니한 때에 택하심을 따라 되는 하나님의 뜻이 행위로 말미암지 않고 오직 부르시는 이로 말미암아 서게 하려 하사 리브가에게 이르시되 큰 자가 어린 자를 섬기리라 하셨나니 기록된 바 내가 야곱은 사랑하고 에서는 미워하였다 하심과 같으니라. 그런즉 우리가 무슨 말을 하리요 하나님께 불의가 있느냐 그럴 수 없느니라. 모세에게 이르시되 내가 긍휼히 여길 자를 긍휼히 여기고 불쌍히 여길 자를 불쌍히 여기리라 하셨으니 그런즉 원하는 자로 말미암음도 아니요 달음박질하는 자로 말미암음도 아니요 오직 긍휼히 여기시는 하나님으로 말미암음이니라. 성경이 바로에게 이르시되 내가 이 일을 위하여 너를 세웠으니 곧 너로 말미암아 내 능력을 보이고 내 이름이 온 땅에 전파되게 하려 함이라 하셨으니 그런즉 하나님께서 하고자 하시는 자를 긍휼히 여기시고 하고자 하시는 자를 완악하게 하시느니라. 혹 네가 내게 말하기를 그러면 하나님이 어찌하여 허물하시느냐 누가 그 뜻을 대적하느냐 하리니 이 사람아 네가 누구이기에 감히 하나님께 반문하느냐 지음을 받은 물건이 지은 자에게 어찌 나를 이같이 만들었느냐 말하겠느냐 토기장이가 진흙 한 덩이로 하나는 귀히 쓸 그릇을, 하나는 천히 쓸 그릇을 만들 권한이 없느냐? 만일 하나님이 그의 진노를 보이시고 그의 능력을 알게 하고자 하사 멸하기로 준비된 진노의 그릇을 오래 참으심으로 관용하시고 또한 영광 받기로 예비하신 바 긍휼의 그릇에 대하여 그 영광의 풍성함을 알게 하고자 하셨을지라도 무슨 말을 하리요."(롬 9:10~23)

우리는 처음 하나님의 은혜를 받았을 때를 기억해야 합니다.

그 구원의 은혜에 아무런 조건 없이 감사하던 마음을 회복해야 합니다. 하나님이 그 아들 예수의 핏 값을 치르고 우리를 사셨습니다. 그러므로 나의 주인은 내가 아니라 하나님이십니다.

순간마다 주인이신 성령님께 묻고 생활하기 바랍니다.

또한 날마다 주님께 사랑한다고 고백하기 바랍니다.

"성령님, 많이 사랑합니다."

처음 사랑과 처음 행위를 회복하라

내 인생이 초심으로 돌아가야 했습니다.

나는 다시 건강하고 활력이 넘치는 삶을 살고 싶어서 성령님께 도움을 구했습니다. 다시 기도하고 말씀 읽기를 시작하고 싶었지만 처음에는 잘 되지 않았습니다. 몇 번을 시도했지만 실패했습니다.

무슨 일이든 꾸준히 하려면 그것을 습관으로 만들어야 합니다.

내 의지로 힘들게 하는 것이 아니라 자동으로 하게 해야 하는데 그것이 '습관의 힘'입니다. 습관을 만들면 저절로 하게 됩니다.

하나님의 자녀는 기도함으로 성령님과 교제를 나누어야 영이 건강해져 행복하게 살아갈 수 있습니다. 이 세상 어떤 존재도 당신의 영을 붙들어줄 수 없습니다. 오직 주님만이 당신의 영을 붙들고 올바르게 이끌어 주실 수 있습니다. 주님이 목자이시기 때문입니다.

주의 영 곧 성령님을 의지하면 당신 안에서 생수의 강이 흘러넘치는 삶을 살 수 있습니다. 하루 중 일정한 시간에 주님과만 함께하는 교제의 시간을 가져야 그분과 더 친밀해지게 됩니다. 결혼하고 남편과 단둘이 대화의 시간을 갖는 것과 같은 이치입니다.

성령님과 친해지려면 그분과 사귐이 있어야 합니다. 골방 기도는 성령님과 데이트하는 시간입니다. 오래 기도를 해야 성령 충만해지는 것은 아닙니다. 하지만 평소에 성령님과 단 둘이 친밀한 시간을 갖는다면 성령님과 더욱 풍성한 사귐을 누릴 수 있습니다.

사람들은 건강해지려고 꾸준히 운동을 합니다. 우리 부부도 날마다 습관을 따라 하루 한 시간 이상 산책합니다. 사실 결혼하기 전부터 각자 성령님과 함께 산책하다가 결혼한 후에도 자연스럽게 함께 대화하며 산책하게 된 것입니다. 우리 부부는 함께 산책하면서 영적인 깨달음을 많이 나눕니다. 그 결과 오랜 세월이 지난 지금도 변함없이 영적인 대화를 나눕니다. 이렇게 우리가 습관을 따라 매일 시간을 내어 산책하니까 덤으로 건강도 받아 누리게 되었습니다.

당신도 오늘부터 매일 성령님과 함께 산책하십시오.

오늘 행복한 사람이 내일도 행복하게 산다

당신은 소망이 더디 이루어져 마음이 상하지 않았습니까?

잠언 13장 12절에 "소망이 더디 이루어지면 그것이 마음을 상하게 하거니와 소원이 이루어지는 것은 곧 생명나무니라"고 했습니다. 나도 예전에 '왜 빨리 내 소원이 이루어지지 않는 걸까?' 하고 마음이 상한 적이 있었습니다. 하지만 결국 시간이 지나니까 다 이루어졌습니다. 지금은 "하나님은 내게 천천히 복을 주신다"는 믿음으로 모든 일에 조바심을 버리고 여유롭게 기다리는 것이 습관이 되었습니다. 소원이 이루어지는 것만 바라보면서 살면 조바심이 생기고 소원이 더디 이루어진다고 느껴져 마음이 상하고 불행해집니다.

'내일의 응답'보다 더 중요한 것은 '오늘의 행복'입니다.

나는 내일의 응답은 하나님의 손에 맡기고 오늘의 행복을 누리며 살기로 마음먹었습니다. 오늘 조금 가졌을 때 행복하지 못하면 내일 많은 것을 가져도 행복하지 못합니다. 오늘 행복한 사람이 내일도 행복하게 삽니다. 오늘 불행한 사람은 내일도 불행하게 삽니다.

그러므로 내일 일을 염려하지 말고 오늘 성령님과 친밀하게 연애하며 행복한 나날을 보내십시오. 오늘보다 중요한 것은 없습니다.

날마다 숨 쉬는 순간마다 성령님과 함께 행복하게 사십시오.

사람의 생명은 소유의 많고 적음에 있지 않습니다. 꿈과 소원을 가졌으면 하나님께 한 번 구한 다음 받았다고 믿고 그분의 손길에 완전히 맡기고 지금 행복하게 살아야 합니다.

예수님은 마가복음 11장 24절에 "그러므로 내가 너희에게 말하노니 무엇이든지 기도하고 구하는 것은 받은 줄로 믿으라. 그리하면 너희에게 그대로 되리라"고 말씀하셨습니다. "시간과 공간을 초월해서 성령 안에서 받았다. 그것을 가졌다"고 믿는 것이 믿음입니다. 아무리 큰 것을 구해도 그것을 받았다, 가졌다고 믿으십시오.

"나는 이미 100억을 가졌다. 그것이 내 손에 있다."

"나는 이미 결혼했다. 자녀를 가졌다. 직장에 취직했다."

어떤 것은 "이미 이루어졌다"고 믿고 10년, 25년, 수십 년을 기다려야 합니다. 기다리는 것이 힘들다고 내 임의대로 앞서 나가서는 안 됩니다. 성령님의 인도하심이 있을 때까지 잠잠히 기다려야 합니다. "나는 지금 직장이 없어서 놀고 있는데요?" 괜찮습니다.

지금 행복한 마음으로 노십시오. 그렇지 못하면 직장에 다닐 때도 행복한 마음으로 일하지 못할 것입니다. 항상 행복하십시오. "항상 기뻐하라"(살전 5:16)는 말씀은 "항상 행복하라"는 뜻입니다. 항상 행복하게 살면 다 잘됩니다. 행복한 사람이 복 있는 사람입니다.

항상 행복했던 다윗은 시편 1편 3절에 이렇게 노래했습니다.

"복 있는 사람은 시냇가에 심은 나무가 시절을 좇아 과실을 맺으며 그 잎사귀가 마르지 아니함 같으니 그 행사가 다 형통하리로다."

당신의 주인은 성령님이십니다. 당신은 그분의 종입니다.

모든 필요에 대한 염려와 공급은 주인이 하는 것이지 종이 하는 것이 아닙니다. 종은 주인이 시키는 대로 순종만 하면 됩니다.

모든 꿈과 소원, 일의 주체이신 성령님은 당신이 행복하길 원하십니다. 이것이 당신을 향한 애틋한 성령님의 마음입니다.

작은 일도 성령님께 묻고 결정하라

당신은 중대한 선택을 할 때 어떻게 합니까?

나는 주인이신 성령님께 묻고 그분의 음성을 듣습니다.

사도 바울은 "주는 영이시니 주의 영이 계신 곳에는 자유함이 있다"(고후 3:17)고 했습니다. 주의 영은 곧 '주체이신 영'을 말합니다. 성령님을 당신의 모든 꿈과 소원, 일의 주체로 인정하고 존중하면 당신은 그 모든 짐을 내려놓고 완전한 자유를 얻게 될 것입니다.

당신을 구원하신 성령님, 당신의 주인이신 성령님께 감사하는 마음으로 살며 복음을 위해 자신을 온전히 드리십시오. 당신 스스로 뭔가 하려고 하지 말고 성령님이 이끌어 가시는 대로 순종하십시오.

많은 사람들이 중대한 일을 선택할 때 육체적인 기준을 따릅니다. 당장 더 많은 월급, 더 좋은 환경과 사람, 더 좋은 조건 등입니다. 그러면 나중에 후회합니다. 회사 사장님이 억대 연봉과 승진을 약속해 놓고 석 달 후에 자르면 어떻게 되겠습니까? 당신은 인정받으니 좋다며 당신의 모든 경험과 정보와 자료, 시스템을 아낌없이 석 달 동안 다 제공할 것입니다. 과연 그것이 잘하는 걸까요?

"사람은 인정받기 위해 일한다. 자기를 인정해 주는 사람을 위해서는 목숨까지 내놓는다"는 말이 있지만 당신은 그렇게 하지 말아야 합니다. 오직 모든 일의 주체이신 성령님의 음성을 따라 선택하고 결정해야 합니다. 사람들의 달콤한 제안에 반응하지 말고 성령님께 물으십시오. "성령님, 어떻게 할까요?"

겸손한 마음으로 모든 일에 성령님을 존중하십시오.

"너는 마음을 다하여 여호와를 신뢰하고 네 명철을 의지하지 말라. 너는 범사에 그를 인정하라. 그리하면 네 길을 지도하시리라. 스스로 지혜롭게 여기지 말지어다."(잠 3:5~7)

하나님을 경외하며 악에서 떠나십시오.

"여호와를 경외하며 악을 떠날지어다. 이것이 네 몸에 양약이 되어 네 골수를 윤택하게 하리라."(잠 3:7~8)

당장 혀를 달콤하게 한다고 받아먹지 말고 과연 그것이 몸에 양약이 되고 골수를 윤택하게 하는지 생각해야 합니다. 많은 사람들이 혀를 달콤하게 하는 것을 따라 선택하므로 몸을 망칩니다.

어떤 일을 결정하기에 앞서 주인이신 성령님께 여쭙고 그분의 인도를 받아야 합니다. 그럴 때 모든 것이 합력하여 선을 이룹니다.

월세로 살아도 억만장자 믿음을 가지라

당신은 혼자 고민하지 말고 성령님께 자꾸 물어야 합니다.

당신이 성령님께 물으면 그분은 세미한 음성으로 말씀하십니다.

모든 일에 성령님을 인정하면 그분이 당신의 발걸음을 인도하실 것입니다. 성령님의 인도를 받는 것이 최고의 삶입니다.

당신에게 일어나는 일은 사람의 기준으로 판단할 수 없습니다.

어떤 일이 일어났을 때 판단하지 말고 성령님께 물으십시오.

당장의 눈앞에 보이는 유익을 따라 움직이지 말고 하나님의 뜻을 구하십시오. 그래야 하나님이 당신의 삶에 마음껏 역사하실 수 있습니다. 하나님은 당신에게 직접 말씀하시기도 하고 때로는 주의 종을 통해 예언을 주시기도 합니다. 그 예언을 멸시하지 마십시오.

"예언을 멸시하지 마라."(살전 5:20)

나는 신학교 2학년 때 지금의 남편 김열방 목사님을 만났습니다.

"나와 함께 일평생 복음을 위해 하나님께 헌신합시다"라는 프러포즈를 받고 흔쾌히 허락하고 결혼했습니다. 신학교를 졸업하고 우리가 가진 돈의 전부인 단칸방 전세금, 천만 원을 드리고 교회를 개척하기로 했고 성령님의 인도하심을 따라 서울 잠실로 와서 보증금 천만 원에 월세 80만 원을 내는 30평짜리 사무실을 임대해서 개척했습니다. 그러자 우리에게는 사택을 얻을 돈이 없었습니다. 하지만 놀랍게도 이사하는 날, 남편의 친구가 300만 원을 빌려주어 보증금 300만 원에 월세 30만 원을 내는 반 지하를 얻었습니다.

우리는 그곳에서 기도하며 아이들을 키웠습니다. 그때 우리는 고정 수입이 없었지만 부요 믿음 곧 '억만장자 믿음'으로 살았습니다.

우리는 산책하면서 서로 "나는 억만장자다"라고 말했습니다.

예수님이 우리의 과거와 현재와 미래의 모든 가난을 담당하셨기 때문에 돈이 있고 없고 상관없이 "나는 억만장자다"라고 믿었는데 실제로 그 믿음대로 하나님의 창조적인 부가 점차 나타났습니다.

"우리 주 예수 그리스도의 은혜를 너희가 알거니와 부요하신 이로서 너희를 위하여 가난하게 되심은 그의 가난함으로 말미암아 너희를 부요하게 하려 하심이라."(고후 8:9)

당신도 나처럼 항상 부요 믿음으로 살기 바랍니다.

그러면 평생 돈 걱정하지 않게 될 것입니다.

하나님이 당신에게 주신 예언은 다 이루어진다

당신은 주의 종을 통해 예언을 받은 적이 있습니까?

나는 예언을 받았는데 정말 그대로 다 이루어졌습니다.

주의 종은 당신에게 안수하며 예언해 줍니다. 그때 예언을 받으면 처음엔 아무 일도 안 일어나는 것처럼 느껴지지만 몇 개월 또는 몇 년이 지난 어느 날 성령님께서 급하고 강한 바람처럼 당신을 이끄십니다. 그때 순종하는 마음으로 즉시 행동으로 옮기십시오.

골방에 앉아서 울고만 있으면 안 됩니다. 기도했으면 받았다고 믿고 움직여야 합니다. 이것을 '행동하는 믿음'이라고 합니다.

나는 그렇게 했고 그 결과 백배의 복을 받았습니다.

예언을 듣고 믿음으로 받아들인 후에 때가 되면 움직여야 합니다. 야고보 사도는 말하길 "이와 같이 행함이 없는 믿음은 그 자체가 죽은 것이라. 영혼 없는 몸이 죽은 것 같이 행함이 없는 믿음은 죽은 것이니라"(약 2:17, 26)고 했습니다. 그렇습니다. 행함이 없는 믿음은 죽은 믿음입니다. 돈 한 푼 없어도 성령님의 음성을 듣고 그분의 인도하심을 따라 '행동하는 믿음'을 가질 때 기적이 일어납니다. 물론 어떤 예언은 믿음으로 10년 이상 오래 기다려야 합니다.

아브라함은 75세에 음성을 듣고 25년이 지난 100세에 아들을 얻었습니다. 이삭은 40세에 결혼하고 60세에 자녀를 얻었습니다. 야곱은 7년, 7년, 14년을 일했지만 빈손이었고 그 후에 다시 6년 동안 일해서 거부가 되었습니다. 요셉은 17세에 꿈을 꾸었고 13년이 지난 30세에 애굽의 국무총리가 되었습니다. 모세는 40세에 광야에 나가 또 40년을 기다려야 했습니다.

이런 믿음에는 '오래 기다림'이 필요합니다.

예언이 이루어진다고 믿고 기다려라

나는 20년 전에 예언을 받았는데 그대로 이루어졌습니다.

어느 날 남편이 "예언 사역하는 목사님이 외국에서 오셨는데 같이 가 보자"고 했습니다. 그분이 예배 중에 한 명씩 예언해 주시는데 우리 차례가 되었습니다. 남편에게는 "여러 나라에서 복음을 전하는 모습이 보입니다"라고 하셨습니다. 남편은 성령의 권능 아래

쓰러졌고 다음으로 나에게 손을 얹고 이렇게 예언해 주셨습니다.

"당신이 아파트들을 다니며 크게 사업하는 모습이 보입니다."

그러자 통역하시는 목사님이 "아니에요. 이분은 평신도가 아니라 사모입니다. 당신이 잘못 본 것 같습니다"라고 말했습니다.

그러자 예언하시는 목사님이 "하나님이 나에게 분명히 보여 주셨습니다"라고 대답했습니다. 돌아오면서 남편과 나는 "복음을 위해 내 삶을 드렸는데 사업을 하게 하신다니 무슨 일이 일어날까?"라며 어안이 벙벙했습니다. 우리의 경험과 이성으로는 이해되지 않았지만 전능하신 하나님이 어떻게 이끌어 가실지 무척 기대되고 설렜습니다. 그 예언의 말씀을 가슴에 품고 믿음으로 살았는데 20여년이 지난 지금 나는 정말 그 예언대로 사업을 하고 있습니다.

하나님은 놀라우신 분이십니다.

내가 20세에 예수님을 영접하고 하나님의 자녀가 된 지 1년도 안 되었을 때였습니다. 성령님은 주일학교 교사를 하던 나를 이끄셔서 선교원의 교사를 하게 하셨습니다. 어린아이들을 돌보고 그들에게 하나님의 말씀을 가르치는 것이 너무나 기쁘고 즐거웠습니다.

나는 그동안 주님이 가라는 곳이면 어디든 갔습니다.

한번은 아는 선교사님이 개척 교회에 선교원 교사가 필요하다며 그곳에 가줄 것을 내게 부탁했습니다. 월급은 차비만 겨우 받는 수준이었습니다. 그러나 "성령님, 어떻게 할까요? 제가 그곳에 가기를 원하십니까?"라고 여쭈었고 주님께서 가라고 하셔서 순종했습니다. 그곳에서 1년 동안 봉사하면서 주님은 내게 많은 말씀을 주셨습니다. 출 퇴근길에 주님은 말씀으로 나를 계속 이끌어 주셨습니다.

"너는 포도나무인 예수님께 접붙여졌다. 믿음으로 붙어 있기만 하면 저절로 수액을 공급받아 열매를 맺고 풍성한 삶을 산다."

"너는 목자의 음성을 듣고 사는 우리에 든 양이다."

비록 경제적으로 육체적으로는 힘들었지만 주님께서 항상 나와 동행하시며 말씀으로 이끌어 주시는 것이 너무나 행복했습니다.

그러던 어느 날, 그 교회에서 선교를 위한 부흥회가 열렸습니다.

예배에 참석해서 말씀을 듣는데 내 가슴이 선교사가 되어서 복음을 전하며 살고 싶다는 소망으로 요동치기 시작했습니다. 마지막 날에 강사님이 선교에 헌신할 사람은 결단하고 일어서라고 했습니다. 나는 속으로 주님께 '주님, 저는 너무 연약해요. 예수님을 믿은 지 얼마 되지도 않았어요. 저는 선교사가 될 만한 조건을 갖추지 못했어요'라며 일어설 수 없다고 중얼거리고 있었습니다. 그때 갑자기 내 마음에 분명하고도 단호하게 주님께서 말씀하셨습니다.

'너는 국내외를 다니며 복음을 전하는 사람을 만나 함께 사역하게 될 것이다.'

그 말씀을 듣는 순간 자리에서 벌떡 일어나 "주님, 감사합니다. 주님의 말씀이 이루어졌음을 믿습니다. 선교사로 헌신하겠습니다"라고 기도했습니다. 그 날 이후 주님은 나를 이끄셔서 신학교에 가게 하셨고 그곳에서 남편을 만나 국내외를 다니며 말씀을 전하고 또 저술과 출판을 통해 복음을 전하는 행복한 삶을 살고 있습니다.

주님은 그분의 말씀을 정확하게 이루십니다. 내가 한계에 부딪혀 부르짖을 때마다 주님은 그것을 뛰어넘는 말씀을 주셨습니다.

당신도 주님의 예언의 말씀을 들었으면, 그것이 인간의 힘과 능으로 도저히 불가능해 보여도 의심하거나 포기하지 말고 끝까지 믿고 인내하십시오. 예언의 말씀을 믿고 기다리면 시간이 지나 때가 되었을 때 반드시 당신의 삶에 그것이 실상으로 나타날 것입니다.

주의 종을 통해 예언의 말씀을 주시면 인정하고 믿어야 합니다.

때로는 오랜 시간 기다려야 하기도 합니다. 그때 내 힘으로 그것을 이루려고 애쓰지 말고 주님이 인도하시는 대로 순종하며 기다리는 것이 중요합니다. 내 이성과 상관없이 믿고 순종해야 합니다.

이것이 아브라함의 믿음입니다.

"기록된 바 내가 너를 많은 민족의 조상으로 세웠다 하심과 같으니 그가 믿은 바 하나님은 죽은 자를 살리시며 없는 것을 있는 것으로 부르시는 이시니라. 아브라함이 바랄 수 없는 중에 바라고 믿었으니 이는 네 후손이 이같으리라 하신 말씀대로 많은 민족의 조상이 되게 하려 하심이라. 그가 백 세나 되어 자기 몸이 죽은 것 같고 사라의 태가 죽은 것 같음을 알고도 믿음이 약하여지지 아니하고 믿음이 없어 하나님의 약속을 의심하지 않고 믿음으로 견고하여져서 하나님께 영광을 돌리며 약속하신 그것을 또한 능히 이루실 줄을 확신하였으니 그러므로 그것이 그에게 의로 여겨졌느니라."(롬 4:17~21)

하나님의 부르심을 받고 사명자의 길을 갈 때 부정적인 사람의 말을 듣지 말고 당신을 부르신 하나님을 온전히 믿으십시오.

나는 사실 신학교를 가기를 많이 꺼려했습니다. 예수님을 믿고 처음 나간 교회의 목사님이 아무나 신학을 해서는 안 된다고 여러 번 말씀했기 때문입니다. 그분의 말이 그 당시 내게 크게 다가왔습니다. 그래서 많이 고민하고 망설였지만 주님이 주시는 강한 확신에 순종했습니다. 나는 곧바로 선교원 교사를 그만두겠다고 원장님께 말씀드렸는데 반응은 아주 싸늘했습니다. "아무나 신학을 하고 선교사가 될 수 있는 것이 아니다"라며 대놓고 비난하셨습니다.

그러나 나는 이미 주님이 주신 말씀에 순종하기로 결단했기 때문에 주변의 반대는 내게 크게 다가오지 않았습니다. 내가 온전히 순종해야 할 분은 오직 하나님 한분이시기 때문입니다. 다만 내 위에 있는 지도자를 존중하기에 그분에게 일단 다른 교사를 구할 때까지는 계속 봉사하겠다고 말하고 하나님 앞에서 끝까지 충성했습니다.

우리는 주님이 발걸음을 인도하심을 믿고 그리스도 안에서 믿음으로 한 발 한 발 담대히 내디뎌야 합니다. 순간마다 "성령님, 어떻게 할까요?" "성령님, 도와주세요"라고 말씀드려야 합니다. 그래야 성령님을 제쳐 두고 임의대로 행하지 않을 수 있습니다.

성령님을 존중히 모시고 그분이 앞서 가시도록 해야 실패하지 않습니다. 수많은 하나님의 자녀들이 하나님의 부르심을 받고도 힘들게 사는 이유는 성령님을 존중히 모시고 행하지 않기 때문입니다.

성령님을 의지하며 그분의 인도하심을 사모해야 합니다. 다윗은 왕이 되기 전에도 하나님의 영을 존중히 모시고 다녔으며 매순간 임의대로 행하지 않고 주님께 묻고 행했습니다. 그는 왕이 되어서도 변함없이 주님께 묻고 행했습니다. 전쟁에서 승리하는 순간에도 자만하지 않고 또 묻고 그분의 음성을 들은 후에 움직였습니다.

"주님, 도망가는 저들을 쫓을까요? 말까요? 어떻게 할까요?"

주님이 쫓으라면 쫓아가서 진멸하고 주님이 "그만" 하면 즉시 멈추었습니다. 그러므로 하나님이 "내 마음에 합한 자다"라고 말씀하셨습니다. 당신은 어떻습니까? 당신이 원하는 대로 잘될 때도 주님께 묻고 행해야 하고 당신이 생각하는 것과 다르게 이끄시더라도 주님의 인도하심을 의지해서 온전히 순종해야 합니다. 그러면 하나님께서 모든 것을 합력하여 선을 이루시고 항상 승리하게 하십니다.

"다윗이 어디로 가든지 여호와께서 이기게 하셨더라."(삼하 8:14)

성령님은 나에 대해 오래 참으셨다

당신은 성령님의 인내하심에 대해 아십니까?

이 세상에서 가장 끈질긴 분은 바로 성령님이십니다.

당신이 그분을 피해 도망갈 때 그분은 당신을 추격하십니다.

성령님은 집요하신 분입니다. 당신을 포기하지 않고 끝까지 추격해서 마침내 당신을 변화시키고 큰 복을 주시는 분입니다. 아브라함, 이삭, 야곱, 요셉, 모세, 요나, 욥 등 모두 그렇게 복을 받았습니다. 욥의 인내보다 더 큰 인내는 '주님의 인내'입니다.

"보라, 인내하는 자를 우리가 복되다 하나니 너희가 욥의 인내를 들었고 주께서 주신 결말을 보았거니와 주는 가장 자비하시고 긍휼히 여기시는 이시니라."(약 5:11)

주님은 욥과는 비교할 수 없을 정도의 억만 배의 인내심을 가진 분으로 온 우주에서 가장 자비하시고 긍휼히 여기시는 분입니다.

나는 처음 하나님의 자녀가 되고 예수님을 사랑하는 마음으로 한없이 행복하게 신앙생활을 했습니다. 그때는 이 세상이 온통 하나님의 사랑으로 덮여 있었고 어떤 것도 내게 문제가 되지 않았고 하루 종일 마냥 행복하기만 했습니다. 사람들과의 부딪힘도 내게는 아무것도 아니었고 다 포용되었습니다. 그러나 얼마의 시간이 흐르고 난 후에 내 인생은 힘들어졌습니다. 왜일까요?

예수님으로 말미암은 나의 행복이 주위 사람들의 율법주의 기준과 달랐던 것입니다. 그로 인해 교회에서 사람들과 부딪히기 시작했는데, 내가 아무리 그들에게 잘 해주어도 그들은 내게 자신들의 수준과 엄격한 기준을 내세우며 그렇게 살아야 한다고 강요했습니다. 그들은 나를 다른 사람과 비교했고 나의 행복을 시기하고 질투했습니다. 내 신앙생활이 독특하다며 이렇게 말했습니다.

"어떻게 그렇게 행복할 수 있어?"

"고행하고 애써야 하나님이 기뻐하시지 않나?"

"가난하게 살며 매일 어두운 얼굴로 울상을 지어야지."

하나님의 말씀이 아닌 자기들의 기준으로 "이렇게 해야 한다. 저렇게 해야 한다"며 내게 온갖 율법주의 멍에를 씌우려고 했습니다. 처음 부딪힐 때는 쉽게 이겨낼 수 있었습니다. 그러나 '저 사람들이 나보다 한참 신앙의 선배들인데 그들이 말한 것이 맞지 않을까?'라는 생각도 들어 내 마음이 괴로웠습니다.

내가 그들의 말과 기준에 맞추려고 노력할수록 내 영은 시들해지고 주님과의 사랑의 교제는 메말라 갔습니다. 어느 순간 나는 더 이상 그들의 기준을 따르지 말아야겠다고 결단했습니다. 한 사람과는 심하게 부딪히기도 했습니다. 나는 그 사람을 피하고 싶었습니다.

'그 사람을 보지 않으면 해결되겠지'하는 마음으로 교회를 옮기려고 생각했는데 그 순간 주님이 내 마음에 깨달음을 주셨습니다.

'네가 지금 이곳에서 이 문제를 이겨내지 않으면 너의 인생에서 이와 비슷한 문제들이 계속 따라다닐 거야. 그러니 이겨내라.'

하나님은 내가 감당할 수 있는 시험을 주셨다고 하셨습니다.

"사람이 감당할 시험 밖에는 너희가 당한 것이 없나니 오직 하나님은 미쁘사 너희가 감당하지 못할 시험 당함을 허락하지 아니하시고 시험 당할 즈음에 또한 피할 길을 내사 너희로 능히 감당하게 하시느니라."(고전 10:13)

이 말씀이 내 인생을 붙들고 나를 성장시켜 주었습니다.

그때부터 나는 어떤 문제에 부딪혀도 피하지 않고 주님께서 그 문제를 어떻게 이끄시는지 지켜보며 그 문제를 다 해결해 주실 때까지 주님 앞에 엎드려 잠잠히 기다리기로 했습니다. 그러자 주님께서 가장 좋은 방법으로 그 문제를 해결하시며 나를 성장시켜 주셨습니다. 하나님은 나로 하여금 모든 문제를 이겨내게 하셨고 나는 그런 상황을 여러 번 겪으면서 점점 더 믿음이 강해졌습니다.

지금 당신에게는 어떤 문제가 있습니까? 아무리 힘들어도 교회를 떠나지 말고 당신의 자리를 지키십시오. 많은 사람들이 문제에 부딪히면 힘들다며 피해 버립니다. 그러면 그 사람은 어디를 가든지 그와 똑같은 문제에 계속 부딪히게 됩니다. 같은 문제가 반복되면 그 사람은 더 이상 성장하지 못하고 그 자리에 머물러 있는 상태로 살게 됩니다. 문제를 피하지 말고 나서서 부딪히십시오.

많은 사람들이 돈이나 인간관계, 박해 등의 문제에 부딪히면 힘들어 하거나 일단 멀리 도망가서 피하려고만 합니다. 왜냐하면 하나님을 믿으면 그 어떤 어려움도 없을 거라고 생각하기 때문입니다. 때로는 사탄이 자기를 시험에 빠뜨리려 한다고 생각하며 그 상황을 피해서 도망갑니다. 도망가지 말고 지혜를 구하며 부딪치십시오.

범사에 여호와를 인정하며 그분과 함께 문제와 싸우십시오.

성경에 "너는 범사에 그를 인정하라. 그리하면 네 길을 지도하시리라"(잠 3:6)고 했습니다. 하나님이 당신의 친아버지가 되셔서 당신을 보호하고 인도하고 기르신다는 것을 믿어야 합니다.

이 땅에 사는 동안에는 어쩔 수 없이 갈등이 생길 수 있고 크고 작은 문제에 노출될 수 있습니다. 하지만 하나님은 당신이 그 모든 것을 성령의 힘으로 이겨내기를 원하십니다. 당신이 어린아이처럼 쩔쩔 매기를 바라지 않으십니다. 담대하게 문제를 헤쳐 나가고 시험을 이겨내고 장성한 하나님의 자녀로 성장하기를 바라십니다.

하나님은 당신이 문제를 피하지 않고 이겨내기를 바라십니다.

어느 아버지가 자식을 고생시키기 위해 훈련하겠습니까?

그 자식을 사랑하기 때문에, 스스로 일어설 수 있도록 옆에서 지켜보며 기다리는 것입니다. 옆에서 지켜보는 것만큼 고통스러운 건 없습니다. 나는 네 명의 아이를 키우면서 많은 경우 내가 개입하거나 나서서 해결해 주기보다는 그 아이 스스로 해결하도록 기다려 주었습니다. 내가 나서서 해 주면 아주 쉽게 간단히 해결될 것도 아이가 스스로 선택하고 헤쳐 나가도록 잠잠히 기다려 주었습니다. 그 시간이 힘들고 고통스러웠지만 개입하지 않았습니다. 그 아이가 '하나님 앞에서 단독자'로 굳게 서기를 원했기 때문입니다.

나는 내게 도움을 부탁하거나 꼭 코치해야 할 때만 도와줍니다.

조금 늦고 미숙하고 부족한 것 같아도 아이들 스스로가 문제를 헤쳐 나가게 하는 것이 좋습니다. 하나님도 나를 그렇게 기르셨습니다. 지금 돌이켜 보면 많은 어려움에 부딪히면서 나름 상처도 받고 마음이 힘들기도 했지만 결국 모든 문제가 극적으로 다 해결되고 지나갔습니다. 그 결과 나는 엄청 강해지고 크게 성장했습니다. 그리고 지금 내가 누리는 모든 것이 결과물로 남아 있습니다. 문제에 부딪힐 때 포기하거나 피하거나 도망가지 않고 성령님과 함께 이겨내게 하신 하나님의 크신 은혜에 감사할 뿐입니다.

당신도 문제를 피하지 마십시오. 끈질기게 하나님을 의지하며 당당히 문제에 맞서십시오. 그러면 하나님께서 큰 복을 주십니다. "우리가 알거니와 하나님을 사랑하는 자 곧 그의 뜻대로 부르심을 입은 자들에게는 모든 것이 합력하여 선을 이루느니라."(롬 8:28)

보증금이 다 떨어졌으니 집을 비워 주세요

당신은 하나님이 무엇을 좋아하고 싫어하시는지 아십니까?

하나님은 겸손한 마음을 좋아하시며 교만을 아주 싫어하십니다.

하나님의 자녀들에게 있는 교만은 무엇일까요? 그것은 곧 자신이 문제를 해결하려고 전전긍긍하며 이리저리 머리를 굴리는 것입니다. 10년 전만 해도 우리는 월세로 살고 있었습니다. 그래도 우리의 교회 사역은 활발했고 복음 전도에도 많은 돈을 썼습니다.

하나님은 우리에게 필요한 모든 것을 넘치게 채워 주고 계셨습니다. 그러나 정작 우리 가족이 살고 있는 집의 월세는 항상 뒷전으로 미루고 다른 것을 먼저 결제하곤 했습니다. 그렇게 몇 년이 지나며 계속 월세가 밀리자 드디어 집 주인으로부터 연락이 왔습니다.

"더 이상 보증금이 남아 있지 않으니 집을 비워 주세요."

세상에 이런 일이 있을 수 있습니까?

충성을 다해 열심히 주의 복음을 전하며 살았는데 네 명의 어린 자녀와 함께 빈털터리로 길거리에 쫓겨나게 생긴 것입니다. 두 달 뒤에 비워 주겠다고 말하고 그동안 하나님께 울부짖었습니다. 예배 시간에 찬양하면서 그 문제를 가슴에 끌어안고 하염없이 눈물을 흘리며 울었습니다. 그러던 어느 주일, 예배 시간에 찬양하고 기도하는데 갑자기 주님께서 내 마음에 '교만하다'라고 말씀하셨습니다.

나는 주변을 두리번거리며 '주님, 누가요?'라고 여쭈었습니다.

그러자 '바로 너다'라고 하시는 것이었습니다.

그리고 왜 내가 교만한지 설명하셨습니다.

'네가 모든 경영을 움켜잡고 있으니 교만한 것이다. 내게 맡기지 못하고 네가 스스로 문제를 해결하려는 것이 교만한 것이다.'

나는 흐느껴 울며 회개하기 시작했습니다.

"주님, 잘못했습니다. 저를 용서해 주세요."

우리는 입술로는 "주님, 주님"이라고 말하지만 자기 인생에서는 실제로 자기가 주인 행세를 하고 살아가는 경우가 너무 많습니다.

주님은 '주인님'의 줄인 말입니다.

우리는 생각과 말, 삶 전부에 걸쳐 '주 되심'을 인정해야 합니다.

"주인은 내가 아니라 나를 구원하신 하나님이십니다. 주님께 내 모든 문제를 맡깁니다. 살든지 죽든지, 모두 완전히 맡겼습니다."

그날 주님은 내게 아무것도 염려하지 말라고 하셨습니다.

"아무것도 염려하지 말고 다만 모든 일에 기도와 간구로, 너희 구할 것을 감사함으로 하나님께 아뢰라. 그리하면 모든 지각에 뛰어난 하나님의 평강이 그리스도 예수 안에서 너희 마음과 생각을 지키시리라."(빌 4:6~7)

사실 그동안 하나님이 돈을 안 주신 것이 아닙니다.

많이 주셨는데 내가 관리를 못해서 어려움을 겪은 것입니다.

이 사건을 통해 나의 삶은 커다란 전환점을 맞게 되었습니다.

나는 회개하고 돌이켰습니다. 회개는 말로만 하는 것이 아니라 행동을 바꾸는 것입니다. 좌로 가던 발걸음을 돌이켜 우로 걷는 것입니다. 44번 도로로 달리던 차를 차선을 바꿔 12번 도로로 달리는 것입니다. 그렇게 다른 목적지를 설정해야 다른 결과가 나옵니다.

대한민국에는 수많은 도로가 있고 '도로의 번호'가 있습니다.

믿음과 축복의 길에도 도로가 있고 번호가 있습니다.

신명기 28장은 68개의 '복과 저주 도로'에 대해 말씀합니다.

그중에 44번 도로와 12번 도로를 잘 기억해야 합니다.

44번 도로는 신명기 28장 44절입니다.

"그는 네게 꾸어 줄지라도 너는 그에게 꾸어 주지 못하리니 그는 머리가 되고 너는 꼬리가 될 것이라."

12번 도로는 신명기 28장 12절입니다.

"네가 많은 민족에게 꾸어 줄지라도 너는 꾸지 아니할 것이요."

나는 지금 12번 도로로 차선을 바꾸어 달리고 있습니다.

꾸는 도로에서 꾸어 주는 도로로, 밑에 있는 도로에서 위에 있는 도로로, 꼬리가 되는 도로에서 머리가 되는 도로로 차선을 바꾼 것입니다. 위치를 바꾸니 그 위치에 맞는 습관이 필요했습니다.

나는 말과 생각, 행동을 바꿨습니다. 이것을 한 마디로 말하면 '습관'입니다. 주님이 주신 것들을 '3일천하' 곧 3일 만에 다 쓰고 27일간 손가락을 빠는 것이 아니라 수입의 오분의 일을 저축하고 굴려서 남기기로 한 것입니다. 우리는 그 집에서 나와 더 좁은 집으로 이사한 후에 위치와 습관을 바꾸기로 결심했습니다. 하나님이 주신 집이 비록 월세지만 그것을 소중하게 여기며 월세가 밀리지 않도록 꼬박꼬박 잘 냈고 은행 이자와 공과금도 그랬습니다.

월세와 이자, 공과금을 밀리지 않으려면 미리 저축해야 합니다.

나는 지금 개미처럼 꾸준히 저축하고 관리하는 습관을 가지고 있습니다. 그로부터 10년이 지난 지금은 '월세 내는 위치'에서 '월세를 받는 위치'로 바뀌었습니다. 요즘은 하나님의 창조적인 부가 나타나 내게 계속 쌓이고 있습니다. 좋으신 하나님 아버지는 내게 모든 종류의 복을 누르고 흔들어 넘치도록 하여 안겨 주셨습니다.

"너희에게 줄 것이니 곧 후히 되어 누르고 흔들어 넘치도록 하여 너희에게 안겨 주리라"(눅 6:38)는 말씀이 내게 실제로 이루어진 것입니다. "내가 하늘 문을 열고 너희에게 복을 쌓을 곳이 없도록 붓지 아니하나 보라"(말 3:10)는 말씀도 내게 이루어졌습니다.

당신도 성경 말씀을 깨닫고 당신의 생각과 말, 행동과 위치, 곧 습관을 바꾸기 바랍니다. 그러면 인생이 바뀝니다. 하나님은 아버지가 자녀를 돌보듯이 자상하게 우리를 돌보십니다. 그분은 성경 말씀을 통해 지혜를 주시고 또 성령님을 통해 모략과 재능과 통찰력을 주시므로 모든 것을 풍성히 채우십니다.

때로는 내가 실수해서 잃은 것이 있어도 그 일을 통해 더 강하고 지혜롭게 되어 다시는 그와 같은 실패를 경험하지 않게 하십니다.

또한 그분은 내가 시험을 당한다 할 때에 피할 길을 주십니다.

"사람이 감당할 시험 밖에는 너희가 당한 것이 없나니 오직 하나님은 미쁘사 너희가 감당하지 못할 시험 당함을 허락하지 아니하시고 시험 당할 즈음에 또한 피할 길을 내사 너희로 능히 감당하게 하시느니라."(고전 10:13)

당신도 당신과 함께 계시는 성령님께 도움을 구하십시오.

당신이 다 해결하려 하지 마십시오. 하나님 앞에 잠잠하고 참아 기다리십시오. 순간마다 그분을 의지하며 믿음으로 행동하십시오.

그러면 큰 복을 주시고 영광스러운 삶을 살게 하실 것입니다.

"너는 마음을 다하여 여호와를 신뢰하고 네 명철을 의지하지 말라. 너는 범사에 그를 인정하라. 그리하면 네 길을 지도하시리라. 스스로 지혜롭게 여기지 말지어다."(잠 3:5~7)

성령님의 실제적인 힘을 인정하라

당신은 성령님의 실제적인 힘을 인정합니까?

당신이 하나님의 자녀라면 당신 안에 엄청난 능력이 있다는 것을 알아야 합니다. 그것은 바로 '성령님의 실제적인 힘'입니다.

하나님의 자녀는 자기 스스로의 힘으로 사는 것이 아닙니다.

당신이 예수님을 구주로 영접하는 순간 당신 안에 성령님이 한강처럼 가득히 들어오셨습니다. 그분은 작고 나약한 분이 아닙니다. 천국 자체이십니다. 성령님은 하나님의 나라를 가지고 오셨습니다.

예수님은 성령님의 실제적인 힘에 대해 말씀하셨습니다.

"그러나 내가 하나님의 성령을 힘입어 귀신을 쫓아내는 것이면 하나님의 나라가 이미 너희에게 임하였느니라."(마 12:28)

예수님은 "너희가 귀신을 쫓아내며"라고 하셨습니다.

그러므로 성령을 받은 우리는 소리 지르는 귀신보다 더 크고 강한 목소리로 귀신을 꾸짖어 쫓아내야 합니다. "예수 그리스도의 이름으로 내가 네게 명하노니 그 사람에게서 나오고 다시는 들어가지 마라." 그러면 즉시 귀신이 나오고 병과 저주가 떠나갑니다.

사도 바울도 예수 이름으로 명령해서 귀신을 쫓아냈습니다.

"우리가 기도하는 곳에 가다가 점치는 귀신 들린 여종 하나를 만나니 점으로 그 주인들에게 큰 이익을 주는 자라. 그가 바울과 우리를 따라와 소리 질러 이르되 '이 사람들은 지극히 높은 하나님의 종으로서 구원의 길을 너희에게 전하는 자라' 하며 이같이 여러 날을 하는지라. 바울이 심히 괴로워하여 돌이켜 그 귀신에게 이르되 '예수 그리스도의 이름으로 내가 네게 명하노니 그에게서 나오라' 하니 귀신이 즉시 나오니라."(행 16:16~18)

당신 안에 가득한 성령님의 힘을 믿고 담대하게 행동하십시오.

성령님의 실제적인 힘은 예수님을 죽은 지 사흘 만에 부활하게 하신 강력한 힘입니다. 그러한 성령님이 당신과 함께 계시면서 당신을 친절하게 이끌어 주십니다. 이 사실을 믿으십시오.

우리는 순간마다 성령님을 인정하고 의지해야 합니다.

우리는 능력이 없고 나약하지만 우리에게 임하신 성령님이 늘 함께 하심으로 이 땅에서 천국의 속성들을 모두 누리게 되었습니다.

또한 하나님의 자녀의 권세를 누리며 살게 되었습니다.

하나님의 자녀의 권세는 무엇일까요? 하나님 아버지께 예수 이름으로 무엇이든지 구하고 응답받는 '기도 응답의 권세'입니다.

"지금까지는 너희가 내 이름으로 아무 것도 구하지 아니하였으나 구하라. 그리하면 받으리니 너희 기쁨이 충만하리라."(요 16:24)

나와 함께 하시는 성령님은 내게 꿈과 소원을 주십니다.

그 꿈과 소원을 열망하는 뜨거운 마음도 주십니다.

당신이 성령님을 의지하고 신뢰하면 그분은 당신의 마음에 있는 많은 꿈과 소원을 이루어 주시므로 풍성한 삶을 살게 하실 것입니다. 성령님은 크신 분이므로 그분과 교제를 나누면 당신의 생각이 커질 것입니다. 생각이 커져야 상상도 크게 할 수 있습니다.

꿈과 소원에 대한 상상은 그 사람의 생각의 크기에 따라 달라집니다. 생각이 작으면 작은 상상을 하게 되고 생각이 크면 큰 상상을 하게 됩니다. 큰 상상을 하려면 먼저 그것을 보아야 합니다. 보거나 듣거나 하지 못하면 그런 상상을 하지 못하게 됩니다.

성령님은 크신 분입니다. 그분은 당신에게 큰 꿈과 예언과 환상을 주십니다. 성령님과 함께 크게 생각하고 말하고 행동하십시오.

큰 꿈과 소원을 가지십시오. 그러면 진짜로 이루어질 것입니다.

당신이 성령님을 신뢰하고 그분께 당신의 삶을 드린다면 그분은 당신이 생각하지도 못한 것을 알게 하시고 그것을 기적적으로 이루어 주실 것입니다. 이러한 성령님을 무시하고 당신의 힘으로 모든 것을 이루려고 하면 그것은 하나님이 싫어하시는 교만이 됩니다.

항상 겸손하고 모든 일에 성령님을 존중하십시오.

그분을 온전히 의지하십시오. 그러면 능력이 나타납니다.

성령님은 과연 어떤 분이실까?

당신은 성령님을 어떤 분이라고 생각하십니까?

그분이 좋은 분인지, 자상한 분인지, 인자한 분인지, 엄한 분인지, 냉정한 분인지, 사람마다 자기 기준으로 그분을 생각합니다.

내가 만난 성령님은 '나에게 먼저 찾아오신 분'입니다. 그리고 나를 자상하게 이끄셔서 하나님을 알게 하신 좋은 분이십니다.

나는 고등학교를 다닐 때 인생의 허무함을 많이 느꼈습니다.

어떻게 살아야 할지 몰라 심한 갈등과 고민에 빠져 힘든 하루하루를 보냈습니다. 어느 날, 길을 걷다가 하나님의 이끄심으로 홀연히 동네 교회에 가서 앉아 있는 나 자신을 발견하고는 깜짝 놀랐습니다. 나는 그 교회 기도회 시간에 살아 계신 하나님을 실제로 만났고 거듭났습니다. 그 기도회 때 주님은 간절히 찾는 나의 신음 소리를 들으시고 내 안에 태양보다 더 강한 빛으로 들어오셨습니다. 그 후로 지금까지 변함없이 그분은 내 안에서 실제로 살아 계십니다.

많은 사람들이 '내가 하나님을 선택한다'고 생각합니다.

그러나 사실은 하나님이 우리를 찾아오십니다.

성령님은 나에게 예수님을 사랑하는 마음을 가득히 부어 주시고 나와 친밀한 사랑의 교제를 나누는 존귀한 분이십니다.

하나님은 아브라함을 친구처럼 여기셨고, 다윗과 동행하셨으며, 모세와 얼굴을 대면해서 말씀하셨습니다. 또한 에녹과 산책하며 깊은 교제를 나누셨습니다. 에덴동산에서 날이 서늘할 때 아담과 교제하기 위해 길을 거니셨습니다. 지금은 그분이 성령으로 오셔서 우리와 함께 살며 매일 사랑의 친밀한 교제를 나누기를 원하십니다.

그러나 사람들은 그분을 인격적으로 무시하고 존중하지 않고 자기 힘으로 살아가려고 발버둥 칩니다. 실패하고 낙심되면 그제야 성령님을 찾습니다. 성령님은 당신이 예수를 구주로 믿는 순간부터 당신 안에 충만히 들어와 계십니다. 그것도 빈손으로 오신 것 아니라 천국의 모든 속성을 가지고 들어오셨습니다. 이것을 믿기만 하면 당신은 천국의 행복과 부요를 누릴 수 있습니다.

당신이 치러야 하는 대가는 하나도 없습니다.

이미 예수님이 십자가에서 당신 대신 모든 죄와 저주와 죽음을 담당하셨기 때문입니다. 그분이 당신 대신 채찍에 맞으셨고 징계를 받으셨습니다. 당신 대신 뺨을 맞고 침 뱉음 당하는 수모를 겪으셨습니다. 당신 대신 가시면류관을 쓰셨고 양손과 양발이 못에 박히셨습니다. 예수님은 당신을 위해 저주의 값을 다 치러 주셨습니다.

"다 이루었다."(요 19:30)

당신은 오직 그러한 예수님의 은혜를 믿기만 하면 됩니다.

예수님이 이루어 놓으신 구원은 '완전한 구원'입니다.

당신이 그것을 누리는데 있어 뭔가 보태야 할 것이 없습니다.

오직 믿기만 하면 됩니다. 믿음이 전부입니다. "복음에는 하나님의 의가 나타나서 믿음으로 믿음에 이르게 하나니 기록된바 오직 의인은 믿음으로 말미암아 살리라 함과 같으니라."(롬 1:17)

내가 처음 하나님을 만났을 때도 그랬습니다. 길을 걸으며 그분께 뭔가를 말씀드리거나 생각만 해도 다 응답해 주셨습니다.

나는 그것을 당연하다고 생각하고 누렸습니다.

그러나 교회에서 사람들과 이야기하다 보면 전혀 달랐습니다.

기도 응답을 받고 싶어 금식과 철야 등 작정 기도를 하는데도 하나님이 응답하지 않으신다고 힘들어 하는 사람들이 많았습니다. 그런 이야기를 들을 때마다 '왜 그럴까?'라는 의문이 들었습니다.

기도는 하나님께 말하는 것입니다. 아이가 아빠에게 원하는 것을 말하듯 그분의 자녀인 우리가 하나님 아빠에게 원하는 것을 말씀드리면 좋으신 하나님 아빠는 다 응답해 주십니다.

성령님은 아버지의 영으로 오셨습니다. 그러므로 당신과 함께 계시는 성령님께 무엇이든 말하면 됩니다. 그분은 눈에 보이는 친구보다 더 실제로 당신과 함께 계시며 친밀한 교제를 나누기 원하십니다. 변함없이 당신을 바라보시며 당신이 그분을 찾기를 기다리십니다. 성령님과 친밀한 교제를 나누는 것이 가장 풍성한 삶입니다.

"여호와의 친밀함이 경외하는 자에게 있음이여, 그 언약을 저희에게 보이시리로다."(시 25:14)

예수 이름으로 무엇이든지 구하고 명령하라

당신은 예수 이름으로 무엇이든지 구하고 있습니까?

예수 이름으로 무엇이든지 담대하게 구하면 응답 받습니다.

"우리가 무엇이든지 구하는 바를 들으시는 줄을 안즉 우리가 그에게 구한 그것을 얻은 줄을 또한 아느니라."(요일 5:15)

성령님은 우리에게 하나님의 은혜를 깨닫게 하시고 말씀을 통해 하나님의 자녀의 권세를 알게 하십니다. 우리는 무엇이든지 하나님께 말씀드리면 응답해 주신다는 확신을 가져야 합니다. "예수 이름으로 무엇이든지 구하면 응답하겠다"고 약속했기 때문입니다. "내 이름으로 무엇이든지 내게 구하면 내가 행하리라."(요 14:14)

왜 하나님이 내 기도에 응답하실까요?

우리가 하나님의 자녀가 되었기 때문입니다. 전에는 하나님과 원수였지만 예수님을 구주로 믿는 순간 성령으로 거듭나 '하나님의 친아들'이 되었고 하나님 나라의 상속자가 되었기 때문입니다. 성경에는 하나님의 자녀를 모두 딸이 아닌 아들로 칭하고 있습니다.

"그러므로 네가 이 후로는 종이 아니요 '아들'이니 아들이면 하나

님으로 말미암아 유업을 받을 자니라."(갈 4:7)

상속자는 거기에 걸맞은 권세가 있습니다. 하나님은 우리가 그것을 적극적으로 사용하기를 원하십니다. 가만히 있어도 하나님이 다 알아서 해주시는 것이 아닙니다. 예수 이름으로 구해야 얻습니다.

"주 여호와께서 이같이 말씀하셨느니라. 그래도 이스라엘 족속이 이같이 자기들에게 이루어 주기를 내게 구하여야 할지라. 내가 그들의 수효를 양 떼 같이 많아지게 하되……."(겔 36:37)

아무리 내 통장에 어마어마한 돈이 들어 있어도 은행에 청구해서 꺼내 쓰지 않으면 그 돈이 나와 상관없는 것과 같습니다.

"죽어서 천국에 가면 그때 받아 누리는 것이 아닌가요?"

그렇지 않습니다. 기도 응답은 이 땅에서 받아 누리는 것입니다.

"진실로 너희에게 이르노니 무엇이든지 너희가 '땅에서' 매면 하늘에서도 매일 것이요 무엇이든지 '땅에서' 풀면 하늘에서도 풀리리라. 진실로 다시 너희에게 이르노니 너희 중의 두 사람이 '땅에서' 합심하여 무엇이든지 구하면 하늘에 계신 내 아버지께서 '그들을 위하여' 이루게 하시리라. 두세 사람이 내 이름으로 모인 곳에는 나도 그들 중에 있느니라."(마 18:18~20)

백배의 복을 받는 것도 죽어서가 아닌 이 땅에서입니다.

"현세에 있어 집과 형제와 자매와 어머니와 자식과 전토를 백 배나 받되 박해를 겸하여 받고 내세에 영생을 받지 못할 자가 없느니라."(막 10:30)

많은 사람들이 자기가 겸손한 척 이렇게 말합니다.

"이 땅에서는 구원 받은 것만도 감사해야죠. 그런 우리가 무엇을 더 구하고 받아 누릴 수 있겠어요. 자꾸 구하면 염치가 없잖아요."

아닙니다. 하나님의 뜻은 무엇이든지 구하는 것입니다.

예수님은 기도해서 응답 받는 것을 '많은 열매'라고 하셨습니다.

"너희가 내 안에 거하고 내 말이 너희 안에 거하면 무엇이든지 원하는 대로 구하라. 그리하면 이루리라. 너희가 열매를 많이 맺으면 내 아버지께서 영광을 받으실 것이요 너희는 내 제자가 되리라."(요 15:7~8)

여기에서 말하는 "많은 열매"는 '성령의 열매'가 아닌 '기도 응답의 열매'입니다. 갈라디아서 5장 22절에서 말하는 성령의 열매와는 다른 맥락의 말씀입니다. 그러므로 당신이 기도 응답을 많이 받을 때 하나님 아버지께서 영광을 많이 받으십니다.

열심히 교회를 다니는 수많은 하나님의 자녀들이 아버지가 상속해 주신 기도 응답의 권세를 받았음에도 누리지 못하고 있습니다. 날마다 병들고 가난하고 사탄의 속임에 붙잡혀 고통스러운 삶을 살아갑니다. 그저 "천국 가면 그때 모든 것을 누릴 거야"라는 소망만 갖고 힘들게 하루하루 살아가는 사람이 많은데, 하나님은 우리가 이 땅에서 기도 응답 받고 풍성한 삶을 누리기를 원하십니다.

예수님은 "내 이름으로 무엇이든지 구하면 내가 시행하겠다"고 약속하셨습니다. "무엇이든"이란 말씀 속에는 이 땅에 살 동안 우리에게 필요한 모든 것이 포함되어 있습니다. 당신은 오늘 무엇을 구하고 어떤 응답을 받았습니까? 무엇이든지 구하십시오.

주님은 말씀하십니다. "너희 입으로 예수 이름을 사용하라. 예수 이름으로 무엇이든 구하고 명령하면 다 이루어 주겠다."

예수 이름으로 명령할 때 우리를 힘들게 하는 모든 문제와 악의 세력들이 떠나가게 됩니다. 이미 우리에게 예수 이름의 권세를 주셨는데도 사용하지 않으면 아무것도 누리지 못합니다. 통장에 있는 돈을 찾아 필요한 곳에 사용하듯, 하나님의 자녀의 권세를 실제로 사용해야 응답 받아 풍성하고 행복한 삶을 살게 됩니다.

"지금까지는 너희가 내 이름으로 아무 것도 구하지 아니하였으나 구하라. 그리하면 받으리니 너희 기쁨이 충만하리라."(요 16:24)

성령님은 어리숙한 내게 지혜를 주셨다

당신은 지혜를 구하고 받았습니까?

하나님은 우리가 지혜를 구하면 많은 지혜를 주십니다.

행복한 삶을 살려면 지식보다 지혜가 더 필요합니다.

"오직 지혜는 성공하기에 유익하니라."(전 10:10)

그러므로 하나님은 우리에게 지혜를 구하라고 하셨습니다. "너희 중에 누구든지 지혜가 부족하거든 모든 사람에게 후히 주시고 꾸짖지 아니하시는 하나님께 구하라. 그리하면 주시리라."(약 1:5)

우리에게 지혜가 부족한 것은 구하지 않았기 때문입니다.

아무리 공부를 잘하고 지식이 많아도 지혜가 없으면 하는 일마다 실패하고 남의 노예로 평생 시킨 일만 하며 살 수밖에 없습니다.

헨리 포드나 에디슨, 힐튼이나 록펠러처럼 지혜가 있으면 지식을 가진 사람을 직원으로 부릴 수 있습니다. 지식 위에 지혜를 더해야 크게 성공합니다. 지혜는 하나님께로부터 옵니다. 지혜를 구하세요.

나는 어릴 때 늘 어리숙하다는 말을 듣곤 했습니다.

나는 약지 못했습니다. 고등학교 때 기숙사에서 생활하기 위해 들어가야 했는데, 엄마는 많이 염려하시며 "네가 어리숙해서 사람들에게 치이지나 않을지 모르겠다"고 하셨습니다. 그러던 내가 예수님을 영접하고 하나님의 자녀가 되자 하나님께 지혜를 구했습니다. "제가 하나님의 자녀답게 지혜롭게 살게 도와주세요."

그 후로 날이 갈수록 내게서 하나님의 지혜가 많이 나타나기 시작했습니다. 지금은 엄마가 나를 걱정하지 않고 믿음직해 하십니다.

기도 응답으로 지혜를 받을 때 처음에 작게 나타납니다. 하지만 시간이 지날수록 점점 지혜가 자라고 더 많이 나타납니다. 예수님도 지혜와 키가 자랐다고 했습니다. "예수는 지혜와 키가 자라가며, 하나님과 사람에게 더욱 사랑스러워 가시더라."(눅 2:52)

당신도 지혜를 구하십시오. 누구든지 하나님의 자녀는 솔로몬보다 더 크신 예수님의 영인 성령님이 내주해 계십니다. 그러므로 순간마다 지혜가 필요할 때 구하면 후히 주시고 꾸짖지 않으십니다.

하나님은 내게 상상할 수 없을 만큼 많은 지혜를 주셨습니다.

요셉에게 지혜를 주신 하나님, 모세에게 지혜를 주신 하나님, 다니엘과 세 친구에게 지혜를 주신 하나님, 다윗과 솔로몬, 베드로와 요한, 바울에게 지혜를 주신 하나님이 내 안에 한강처럼 가득히 들어와 계십니다. 내 안에 계신 예수님은 솔로몬보다 크신 분입니다.

"심판 때에 남방 여왕이 일어나 이 세대 사람을 정죄하리니 이는 그가 솔로몬의 지혜로운 말을 들으려고 땅 끝에서 왔음이거니와 솔로몬보다 더 큰 이가 여기 있느니라."(마 12:42)

나는 우주의 재벌 총수인 하나님의 딸이다

당신은 누구를 의지해서 살아가고 있습니까?

나는 사람들에게 "누구를 믿기에 그렇게 당당해?"라는 말을 종종 들었습니다. 나는 우주의 재벌 총수이신 하나님을 믿고 살아갑니다.

하나님의 자녀는 전능하신 하나님, 창조주 하나님이 든든한 백이 되십니다. 우리는 예배할 때마다 사도신경에 나오는 "전능하사 천지를 만드신 하나님 아버지를 내가 믿사오며"라고 고백합니다.

하나님을 아버지로 모신 사람은 매사에 당당합니다.

나는 어릴 때 신학교를 다니며 한 교회의 유치부 담당 전도사로 섬겼습니다. 사실 내가 신학교를 가는 것을 집에서 반대했기 때문에 등록금과 생활비를 직접 벌어야 했습니다. 그래서 나는 새벽에는 신문 배달을 하고 또 여러 가지 아르바이트를 하며 학교를 다녔습니다. 그러는 중에 나는 주님께 원하는 것을 구했습니다.

"주님, 제가 복음을 전하기 위해 주님께 순종해서 이렇게 신학교에 왔는데, 등록금을 벌기 위해 세상일을 하며 돈을 벌고 있어요. 복음을 전하면서 등록금도 해결할 수 있는 좋은 길을 열어 주세요."

얼마 후에 응답이 되었고 성령님께서 나를 한 교회 유치부 전도사로 섬길 수 있게 인도해 주셨습니다. 나는 세상에 의지할 존재가 하나도 없었기에 늘 "하나님 아버지가 내 백이다"라고 말했습니다.

어느 날, 그 교회 담임 목사님과 교역자들이 내가 사는 집에 심방 오게 되었습니다. 그런데 놀라운 일이 일어났습니다. 부목사님 한 분이 내게 다가와 "김사라 전도사님, 사과드릴 게 있습니다"라는 것입니다. "무엇을요?"라며 나는 어리둥절해 여쭈었습니다.

그분이 내게 말했습니다.

"사실 전도사님이 너무 자신만만하고 당당해서 재벌 집 딸인 줄 알고 조금 얄미웠습니다. 그런데 며칠 전에 심방 가서 보니 그냥 평범한 집안이었고 내가 지나치게 오해했다는 걸 알게 되었습니다."

나는 가진 것이 '하나님을 믿는 믿음' 말고는 아무것도 없었습니다. 그러기에 오히려 사람에게 잘 보이기 위해 굽실거릴 필요가 없었고 항상 당당하게 생활했는데 그것이 그분의 눈에는 그렇게 보였나 봅니다. 잠깐 오해를 받았지만 나는 그 모든 것이 감사했습니다.

우주의 주인이신 하나님이 나의 배경이시니 나는 진짜 재벌 총수의 딸이 맞습니다. 당신도 마찬가지입니다. 그러므로 하나님의 딸답게 지금보다 더 당당하게 가슴을 펴고 행복하게 생활해야 합니다.

당신이 믿는 하나님 아버지께서 말씀하십니다. "이는 삼림의 짐승들과 천산의 생축이 다 내 것이며 산의 새들도 나의 아는 것이며 들의 짐승도 내 것임이로다. 내가 가령 주려도 네게 이르지 않을 것은 세계와 거기 충만한 것이 내 것임이로다."(시 50:10~12)

당신은 우주의 재벌 그룹 총수인 하나님의 자녀입니다.

나는 그동안 하나님께 선물을 많이 받았다

당신은 하나님을 어떤 분으로 생각합니까?

나는 하나님이 '내게 상 주시는 분'이라고 믿습니다.

나는 지금도 날마다 하나님이 주신 상을 누리고 있습니다.

예수님은 마가복음 10장 30절에 "누구든지 주와 및 복음을 위해 모든 것을 버리고 주님을 따르면 이 땅에서도 백배의 복을 주겠다"고 약속하셨습니다. 물론 가장 큰 복인 영생도 함께 주십니다.

"금세에 있어 집과 형제와 자매와 모친과 자식과 전토를 백배나 받되 핍박을 겸하여 받고 내세에 영생을 받지 못할 자가 없느니라."

당신이 하나님께 백배의 복을 받을 때 핍박을 겸해서 받습니다.

왜 그럴까요? 당신이 복을 받고 행복해 하는 것을 시기 질투하는 사람이 있기 때문입니다. 이삭이 복을 받았을 때도 그랬습니다.

"이삭이 그 땅에서 농사하여 그 해에 백배나 얻었고 여호와께서 복을 주시므로 그 사람이 창대하고 왕성하여 마침내 거부가 되어 양과 소가 떼를 이루고 노복이 심히 많으므로 '블레셋 사람이 그를 시기하여' 그 아비 아브라함 때에 그 아비의 종들이 판 모든 우물을 막고 흙으로 메웠더라."(창 26:12~15)

박해를 받고 여러 가지 시험을 만날 때 온전히 기뻐해야 합니다.

"내 형제들아, 너희가 여러 가지 시험을 만나거든 온전히 기쁘게 여기라. 이는 너희 믿음의 시련이 인내를 만들어 내는 줄 너희가 앎이라. 인내를 온전히 이루라, 이는 너희로 온전하고 구비하여 조금도 부족함이 없게 하려 함이라."(약 1:2~4)

여기서 "구비한다"는 말은 '하나도 빠짐없이'라는 뜻입니다.

은행에서 대출을 받으려고 하면 "서류를 구비하라"고 하는데 이때 하나도 빠짐없이 서류를 준비해야 대출이 진행됩니다. 이처럼 하나님도 당신에게 하나도 빠짐없이 곧 조금도 부족함이 없이 복을 주기 위해 '여러 종류의 믿음의 시련'을 주시는 것입니다.

당신이 잠깐 박해를 받고 시련을 겪는 것 같지만 하나님이 그 모든 것을 합력하여 당신에게 하나도 빠짐없는 복을 주기 위해 일하고 계신다는 것을 알고 그 모든 일을 온전히 기쁘게 여겨야 합니다.

어떤 박해가 와도 그분을 의지하며 믿음으로 사십시오.

남편과 나는 성령님의 인도하심을 따라 서울 잠실에서 교회를 개척했습니다. 교회가 안정되게 성장하고 있는데 갑자기 성령님께서 교회를 멈추라고 하셔서 그분의 음성에 순종하여 하루 만에 정리하고 1년 6개월 동안 다른 동네에 가서 쉬었습니다. 그러던 어느 날, 성령님이 다시 잠실로 가서 교회를 시작하라고 하셨습니다.

그때 우리는 가진 것이 아무것도 없었습니다. 전에 있던 모든 돈과 성물을 다른 개척 교회에 주었기 때문입니다. 그러나 나와 남편은 오직 주님만 의지해서 믿음으로 움직이기로 결단했습니다.

그러자 주님이 한 독자를 통해 보증금 500만 원을 보내 주셨고 곧바로 잠실로 다시 이사했습니다. 우리는 다시 개척하면 모든 것이 일사천리로 이루어지고 교회가 금방 크게 성장할 줄 알았습니다.

그러나 주님은 우리에게 날마다 믿음으로 살 것을 요구하셨고 몇 달이 지나도 아무런 변화가 없었습니다. 생활은 나날이 힘들었지만 우리는 부요 믿음으로 살았고 주님은 우리 여섯 식구가 굶지 않을 만큼 어떻게든 먹을 것과 입을 것을 기적적으로 채워 주셨습니다.

그래도 우리는 주님의 인도하심을 믿고 잘 버텼습니다.

1년이 지난 어느 날, 도저히 기다림이 괴로워 주님께 부르짖었습니다. "나 오늘부터 주님이 응납하실 때까시 금식할 거예요"라고 남편에게 말하고 성경을 읽으며 금식하기 시작했습니다. 이틀째, 주님께서 히브리서 11장 6절 말씀을 내 가슴에 콱 박아 주셨습니다.

"믿음이 없이는 하나님을 기쁘시게 하지 못하나니 하나님께 나아가는 자는 반드시 그가 계신 것과 또한 그가 자기를 찾는 자들에게 상 주시는 이심을 믿어야 할지니라."

그 말씀이 내 안에 강하게 들어오는 순간 말할 수 없는 기쁨이 가슴에서 솟아났습니다. 남편에게 뛰어가서는 소리쳤습니다.

"하나님이 우리에게 상을 주신대요. 우리는 하나님이 계심을 믿잖아요. 하나님이 주시는 상은 어떤 걸까요? 너무 기대돼요."

그날부터는 생활이 힘들다는 생각이 완전히 없어졌습니다.

날마다 하나님을 기대하며 사니 오히려 기쁨이 넘치게 되었습니다. 그 후로 지금까지 나는 참으로 많은 상을 선물로 받았습니다.

하나님은 그분의 자녀들에게 상을 주십니다.

날마다 상을 기대하기 바랍니다.

나를 위해 좋은 것을 많이 준비하신 성령님

당신은 준비하시는 성령님을 알고 있습니까?

나는 나를 위해 좋은 것을 준비하신 성령님을 날마다 경험합니다. 성령님은 나의 모든 필요를 항상 넘치게 채워 주신 분입니다.

얼마 전에 막내딸이 니모를 키우고 싶다고 했습니다.

그러고 며칠 동안 하루에 택배가 몇 개씩 배달되어 왔습니다.

모두 해수어 어항에 필요한 기구들이었습니다. 어항에 여과기를 달고, 염분 농도를 정확히 맞춘 물을 넣고, 적당한 빛을 쬐어 주기 위해 특수 조명을 설치하는 등 하나하나 준비하자 마침내 모든 장비가 갖추어진 멋진 어항이 완성되었습니다.

"와, 이제 니모만 오면 되겠네"라고 내가 묻자 "아냐, 고기들이 살 수 있는 환경이 되려면 아직 한 달은 기다려야 해요. 갈조와 녹조를 겪으며 물이 다 잡히고 난 후에 니모를 데려올 수 있어요"라고 대답하는 것이었습니다. 한 달이 지나자 니모 두 마리와 도리 한 마리를 데려와서 키우기 시작했는데 그 어항에서 잘 놀았습니다.

막내 아이는 그 물고기들을 데려오기 전에 그들이 살 수 있는 집을 만들어 주고, 환경도 잘 살펴 주고, 먹이도 먼저 사두고, 모든 준비를 해 두었습니다. 물고기들은 그저 주인이 맞춘 최고의 환경에 잘 적응하며 신나게 놀기만 하면 되었습니다. 그것이 주인의 뜻이었습니다. 이것을 보며 나는 창조주 하나님의 사랑의 손길을 느낄 수 있었습니다.

하나님은 먼저 천지를 창조하시고 에덴동산을 만드셨습니다.

그분은 사람이 살기에 가장 좋은 환경을 만들어 두신 다음, 사람을 만드셨습니다. 그 외에도 사람에게 필요한 모든 것을 먼저 만들어 두셨습니다. 그러므로 사람이 하나님께서 베풀어 두신 것들을 잘 누리는 것을 볼 때 그분의 마음이 가장 기쁘지 않으실까요?

당신이 하나님이 준비하신 모든 것을 누리며 행복하고 부요하게 사는 것이 그분의 뜻입니다. 디모데전서 6장 17절에는 "오직 우리에게 모든 것을 후히 주사 누리게 하시는 하나님"이라고 했습니다.

성령님은 준비하시는 분입니다. 당신을 위해 모든 것을 풍성히 준비하신 다음 그것을 믿음으로 받아 마음껏 누리라고 하십니다.

"하나님이 능히 모든 은혜를 너희에게 넘치게 하시나니 이는 너희로 모든 일에 항상 모든 것이 넉넉하여 모든 착한 일을 넘치게 하게 하려 하심이라."(고후 9:8)

하나님의 은혜는 의라는 '한 가지 은혜'만 아닌 의와 성령 충만, 건강과 부요함, 지혜와 평화와 생명 등 '모든 은혜'입니다. 모든 일에 항상 모든 것이 넉넉하여 모든 착한 일을 넘치게 하는 것입니다.

당신도 이 모든 것을 풍성히 받아 누리기 바랍니다.

당신을 억만 번이나 축복합니다.

성령님의 인도를 받으려면 어떻게 해야 할까?

당신은 성령님의 인도하심을 받으며 살고 있습니까?

날마다 성령님의 인도하심을 받으며 행복하게 살아야 합니다.

그러려면 성령님이 내 삶의 주인이자 모든 일의 주체이심을 인정해야 합니다. 성령님은 당신의 종이 아닌 주인이십니다.

당신 앞에 계신 성령님께 지금 이렇게 말하십시오.

"성령님이 내 삶의 주인이며 모든 일의 주체이심을 인정합니다."

성령님은 창조주이시며 전지전능하신 분입니다. 그런 크신 성령님이 내 안에 강물처럼 들어온 순간 내 삶은 완전히 달라졌습니다.

내 안에서 하루 종일 생수의 강이 흘러나오게 되었습니다.

"명절 끝날 곧 큰 날에 예수께서 서서 외쳐 이르시되 누구든지 목마르거든 내게로 와서 마시라. 나를 믿는 자는 성경에 이름과 같이 그 배에서 생수의 강이 흘러나오리라 하시니 이는 그를 믿는 자들이 받을 성령을 가리켜 말씀하신 것이라."(요 7:37~39)

예전에는 내면의 허전함을 달래기 위해 수많은 고민과 갈등을 겪었습니다. 내 안의 공허함을 채우기 위해 많은 책을 읽기도 했습니다. 그러나 나의 텅 빈 공간은 조금도 채워지지 않았습니다.

그러다 1988년 5월 어느 날, 성령님의 이끄심으로 동네 교회를 가게 되었습니다. 며칠 후에 선생님 한 분이 "교회에서 산에 기도하러 가는데 같이 가자"고 권해서 호기심에 따라갔습니다. 그곳에서 사람들이 간절히 기도하는 모습을 보니 너무나 부러웠습니다.

나는 마음속으로 조용히 기도했습니다.

'하나님, 저도 기도하고 싶어요. 도와주세요.'

그 순간 태양보다 더 강한 빛이 내 안에 치고 들어왔습니다. 그러자 나도 모르게 두 손을 높이 들고 "주여, 주여, 저를 용서해 주세요"라며 소리치게 되었습니다. 내 입에서는 이상한 언어가 쏟아져 나왔고 내 눈에서는 주체할 수 없는 뜨거운 눈물이 흘러내렸습니다.

내 마음에 '하나님은 실제로 살아 계시며 그분이 지금 내 안에 들어오셨구나'라는 깨달음이 왔습니다. 나는 그날 하나님의 딸로 새롭게 태어났습니다. 내 안에 하나님이 들어오심으로 허전함과 공허함은 완전히 사라지고 빛으로 가득 채워지게 되었습니다.

내 안에서 말할 수 없는 기쁨과 행복이 터져 나왔습니다.

가족들도 나의 변화를 알고 교회에 가는 것을 적극적으로 허락해 주었습니다. 나는 그날부터 날마다 내 안에 살아 계신 주님과 함께 생활하며 그분과 동행했습니다. 내 인생은 완전히 달라졌습니다. 만왕의 왕이신 하나님이 나의 진정한 아버지가 되셨기 때문입니다.

나는 주님을 사랑했고 모든 사람이 사랑스러웠고 그 무엇도 두렵지 않게 되었습니다. 내 일상의 순간마다 주님이 동행하셨고 나를 지키고 보호하심을 알 수 있었습니다. 그분은 내가 말만 해도 생각만 해도 역사해 주셨고 내가 구하는 모든 것을 응답해 주셨습니다.

내 인생은 주님을 만나므로 말할 수 없이 행복해졌습니다.

내 마음은 주님과 동행하므로 만족이 넘치게 되었습니다.

'이렇게 큰 은혜를 받아 누리며 살고 있으니 너무 행복해. 나는 앞으로 어떻게 살면 좋을까? 예전에 주님을 만나지 못했을 때는 나 자신을 위해 열심히 살았지만 공허하고 불행하기만 했어. 그러나 이제는 주님으로 말미암아 내 인생이 말할 수 없이 행복해졌으니 정말 주님을 위해 가치 있는 일을 하며 살고 싶어. 뭘 하면 좋을까?'

어느 날 나는 예배 시간에 헌금하면서 이렇게 말씀드렸습니다.

"주님, 헌금 바구니에 저도 드립니다. 전 이제 주님의 것입니다."

나는 과거와 현재와 미래, 내 인생 전부를 주님께 드렸습니다.

"나는 주님의 것이 되었습니다. 하나님이 나의 주인이십니다."

나는 하나님의 자녀이자 그분의 종으로서의 새로운 삶을 살기로 했습니다. 자녀는 아버지의 뜻에, 종은 주인의 뜻에 따라 모든 것을 해야 합니다. 예수님이 먼저 그런 최고의 삶을 사셨습니다.

"아버지께서 내게 하라고 주신 일을 내가 이루어 아버지를 이 세상에서 영화롭게 하였사오니……."(요 17:4)

당신은 예수님처럼 살고 있습니까? 많은 사람들이 순간마다 이 사실을 망각하고 자신이 나서서 판단하며 주인 행세를 하려고 합니다. 예수님을 구주로 믿을 때 "내 인생을 나를 구원하신 주님께 모두 드립니다"라고 말씀드리며 한 번 드렸으면 다시 되돌릴 수 없습니다. "나의 주인이신 하나님이 내 인생의 주체이시며 내 모든 것을 책임지십니다. 나는 오직 주님이 시키는 것만 하며 삽니다"라고 고백하며 날마다 주님의 음성을 따라 순종하며 살아야 합니다.

주인님을 앞서가지도 말고 고집 부리며 버티지도 말아야 합니다. 모든 일에 유연하게 생각하며 주인님이 가라면 가고 서라면 서야 합니다. 그럴 때 하나님의 자녀로서의 올바른 삶을 살게 됩니다.

하나님의 자녀는 혈통과 육정과 사람의 뜻을 따라 살지 않습니다. 하나님의 자녀는 오직 성령님의 음성을 따라 삽니다.

우리 모두는 항상 '사무엘 같은 태도'를 가져야 합니다.

"여호와께서 임하여 서서 전과 같이 '사무엘아, 사무엘아' 부르시는지라. 사무엘이 이르되 '말씀하옵소서. 주의 종이 듣겠나이다' 하니……."(삼상 3:10)

당신은 성령님의 '주 되심'을 인정합니까?

혹시 순간마다 "내 생각에는"이라며 우기지 않습니까?

내 생각을 내려놓고 하나님의 뜻을 받들며 살아야 합니다.

인생의 주인은 당신이 아닌 성령님이십니다. 성령님은 당신에게 생명과 호흡을 주시고 만물을 공급하시는 창조주 하나님이십니다.

그러므로 순간마다 자아를 부인하고 "성령님, 어떻게 할까요?"라고 물어야 합니다. 그분의 말씀을 따라 순종하며 살아야 합니다.

열왕기하 5장에는 나아만 장군 이야기가 나옵니다.

엘리사로부터 요단강에 가서 일곱 번 몸을 씻으라는 지시를 받은 나아만 장군은 "내 생각에는" 하며 몸을 돌려 분노하며 떠났습니다.

"내 생각에는 그가 내게로 나와 서서 그의 하나님 여호와의 이름을 부르고 그의 손을 그 부위 위에 흔들어 나병을 고칠까 하였다."

당신은 어떻습니까? "내 생각에는"이라는 자아를 내려놓고 "성령님, 어떻게 할까요?"라고 물어야 합니다. 그럴 때 복음의 빛이 비치어 죄와 목마름, 병과 가난, 어리석음과 징계와 죽음이 떠나가고 의와 성령 충만, 건강과 부요함, 지혜와 평화와 생명을 얻게 됩니다.

모든 일에 하나님께 영광을 돌리라

당신은 모든 좋은 일에 하나님께 영광을 돌립니까?

우리는 많은 기도 응답과 깨달음을 얻을 때 "하나님께 영광을 돌립니다. 하나님의 은혜입니다"라고 고백해야 합니다. 하나님은 당신에게 한없는 은혜를 부어 주십니다. 그 은혜를 받아 누릴 때 하나님의 주 되심을 인정해야 합니다. 당신이 나서서 주인 행세하며 하나님께 돌려야 할 영광을 가로채면 안 됩니다.

"여호와여, 영광을 우리에게 돌리지 마옵소서. 우리에게 돌리지 마옵소서. 오직 주는 인자하시고 진실하시므로 주의 이름에만 영광을 돌리소서."(시 115:1)

하나님의 자녀들은 하나님의 은혜를 매순간 인정해야 합니다.

하나님이 베풀어 주신 은혜를 망각하고 자기가 잘나서 성공한 줄 알고 하나님의 영광을 가로채면 하룻밤 사이에 망합니다. 목회자도 하나님과 성도들 사이에서 마땅히 하나님께 돌려야 할 영광을 자신이 가로채서는 안 됩니다. 성도들이 하나님의 은혜를 깨달아 행복하게 살게 하고 오직 하나님께만 영광 돌리게 해야 합니다.

대부분 사람들은 칭찬받기를 좋아합니다. 그래서 자신이 하나님의 힘으로 뭔가를 해 놓고도 누군가 다가와서 "대단하다"고 칭찬하면 자신의 능력으로 그 일을 한 것처럼 착각하고 마음이 높아집니다. 자신이 대단한 줄 압니다. 그런 사람은 하나님을 높이지 않습니다. 하나님의 영광을 가로채면 자신과 자손이 저주를 받습니다.

성경 인물 중에 사사 기드온이 그랬습니다. 그는 300명의 용사를 이끌고 나가 적군과 싸워 이겼습니다. 그때에 이스라엘 사람들이 기드온에게 말했습니다.

"당신이 우리를 미디안의 손에서 구원하셨으니 당신과 당신의 아들과 당신의 손자가 우리를 다스리소서."

기드온이 단호하게 거절하며 말했습니다.

"내가 너희를 다스리지 아니하겠고 나의 아들도 너희를 다스리지 아니할 것이요 여호와께서 너희를 다스리시리라."

하지만 그는 영적인 음행의 큰 죄를 지었는데 그가 말했습니다.

"내가 요청할 일이 있다. 각기 탈취한 귀고리를 내게 다오."

그들은 "우리가 즐거이 드리겠습니다" 하고 겉옷을 펴고 각기 탈취한 귀고리를 그 가운데에 던졌습니다. 기드온이 요청한 금귀고리의 무게가 금 1700세겔이요 그 외에 또 초승달 장식들과 패물과 미디안 왕들이 입었던 자색 의복과 또 그 외에 그들의 낙타 목에 둘렀던 사슬이 있었습니다. 기드온이 그 금으로 에봇 하나를 만들어 자기의 성읍 오브라에 두었는데 온 이스라엘이 그것을 음란하게 위하므로 그것이 기드온과 그의 집에 큰 올무가 되었습니다.

"기드온이 그 금으로 에봇 하나를 만들어 자기의 성읍 오브라에 두었더니 온 이스라엘이 그것을 음란하게 위하므로 그것이 기드온과 그의 집에 올무가 되니라."(삿 8:27)

기드온은 육적으로도 음란한 사람이었습니다. 그에게 아내가 한 명이 아닌 많았습니다. 그의 몸에서 낳은 아들이 70명이었고 세겜에 있는 첩도 아들을 낳았는데 그의 이름은 아비멜렉이었습니다.

기드온이 사는 40년 동안에는 그 땅이 평안했지만 그가 나이 많아 죽자 이스라엘 백성들은 금방 돌아서서 음란하게 우상을 섬기며 모든 원수들의 손에서 자신들을 구원하신 하나님을 잊었습니다.

아비멜렉은 기드온의 아들 곧 자기 형제 70명을 한 바위 위에서 죽였습니다. 다만 기드온의 막내아들 요담은 스스로 숨었으므로 살아남았습니다. 기드온의 가문에 비참한 일이 일어난 것입니다.

하나님의 영광을 가로채거나 영적으로 음란하지 마십시오.

하나님 앞에서 항상 겸손하고 거룩하십시오.

사람들에게 인정받으려고 애쓰지 마라

당신은 사람들에게 인정받으려고 애쓰지 않습니까?

부모 자녀, 친척, 친구, 목회자, 직장 상사 등 주위 사람들에게 인정받으려고 애쓰는 사람들을 볼 때면 너무나 불쌍하고 안타까운 마음이 듭니다. 다니엘처럼 오직 하나님 앞에서 충성해야 합니다.

"다니엘은 마음이 민첩하여 총리들과 고관들 위에 뛰어나므로 왕이 그를 세워 전국을 다스리게 하고자 한지라. 이에 총리들과 고관들이 국사에 대하여 다니엘을 고발할 근거를 찾고자 하였으나 아무 근거, 아무 허물도 찾지 못하였으니 이는 그가 충성되어 아무 그릇됨도 없고 아무 허물도 없음이었더라."(단 6:3~4)

하나님 앞에서 충성하는 사람은 사람들의 눈치를 보지 않습니다.

사람들의 인정을 받으려고 애쓰다 보면 그들이 올무가 됩니다.

하나님의 지시에 순종해서 일하고 거기서 멈춰야 합니다.

자기가 대단한 한 줄로 착각하며 주위 사람들에게 인정받고 칭찬받기 위해 신경을 곤두세우다 보면 넘어질 수 있습니다.

성경에 "그런즉 선 줄로 생각하는 자는 넘어질까 조심하라"(고전 10:12)고 했습니다. 또한 "우리가 무슨 일이든지 우리에게서 난 것같이 스스로 만족할 것이 아니니 우리의 만족은 오직 하나님으로부터 나느니라"(고후 3:5)고 했습니다. 모든 일에 절제해야 합니다.

사람들에게 칭찬받으므로 마음이 흡족해진다면 이미 상은 받은 것과 같기 때문에 하나님이 주시는 상을 받을 수 없습니다.

예수님께서 제자들에게 말씀하셨습니다.

"사람에게 보이려고 그들 앞에서 너희 의를 행하지 않도록 주의하라. 그리하지 아니하면 하늘에 계신 너희 아버지께 상을 받지 못하느니라. 그러므로 구제할 때에 외식하는 자가 사람에게서 영광을 받으려고 회당과 거리에서 하는 것 같이 너희 앞에 나팔을 불지 말라. 진실로 너희에게 이르노니 그들은 자기 상을 이미 받았느니라."(마 6:1~2)

특히 사람들 앞에 자기의 삶이 드러난 지도자들은 더욱 깨어 조심해야 합니다. 항상 겸손하고 어떤 일이 이루어졌을 때 하나님의 영광을 가로채지 않도록 자신을 살피고 깨어 경계해야 합니다.

하나님은 홀로 영광 받아 마땅하신 분입니다. 우리의 행한 것이 비록 내 몸이나 재능, 내가 가진 시간과 돈으로 한 헌신이라 할지라도 그 모두가 하나님께로부터 온 것임을 잊지 말아야 합니다.

그리스도인들은 하나님의 자녀로서의 최고의 자존감을 갖고 살아야 합니다. 또한 하나님께로부터 오는 최고의 상을 바라고 하나님께만 영광을 돌리는 겸손한 삶을 살아야 합니다. 사람에게 칭찬받고 상 받기를 좋아하지 마십시오. 그것에 매이면 당신은 하나님이 베풀어 놓으신 많은 복을 놓치고 불행하게 살게 됩니다.

오직 믿음으로 하나님을 기쁘시게 하십시오.

"믿음이 없이는 하나님을 기쁘시게 하지 못하나니 하나님께 나아가는 자는 반드시 그가 계신 것과 또한 그가 자기를 찾는 자들에게

상 주시는 이심을 믿어야 할지니라."(히 11:6)

하나님이 주시는 상이 최고의 상입니다.

나는 하나님의 긍휼하심에 눈물을 흘린다

당신은 하나님의 긍휼하심을 압니까?

하나님의 긍휼하심은 너무나도 놀랍고 큽니다.

예수님의 보혈의 은혜가 아니면 나는 어떻게 되었을까요?

나의 죄와 허물로 인해 잠시도 온전하게 살 수 없었을 것입니다.

주님은 매 순간 긍휼을 베푸셔서 나로 하여금 하나님의 자녀의 권세를 누리게 하셨습니다. 그러므로 나의 나 된 것은 모두 하나님의 은혜입니다. 하나님의 은혜에 감사드립니다.

우리는 육신을 입고 살기에 순간마다 깨어 기도해야 합니다.

사도 바울은 "나는 날마다 죽노라"(고전 15:31)고 고백했습니다.

하물며 우리는 어떻겠습니까? 그리스도인은 날마다 자기를 부인하고 자기 십자가를 지고 주님을 따라가는 사람입니다. 자기 십자가는 곧 '자기 죽음'을 말합니다. 이것이 곧 "나는 날마다 죽는다"는 말의 의미입니다. 날마다 자기를 부인하고 주님을 인정해야 하며, 날마다 자기는 죽고 자기 안에 주님이 살아 계심을 믿어야 합니다.

사도 바울은 이렇게 고백했습니다.

"내가 그리스도와 함께 십자가에 못 박혔나니 그런즉 이제는 내가 사는 것이 아니요 오직 내 안에 그리스도께서 사시는 것이라. 이제 내가 육체 가운데 사는 것은 나를 사랑하사 나를 위하여 자기 자신

을 버리신 하나님의 아들을 믿는 믿음 안에서 사는 것이라."(갈 2:20)

요동치는 감정은 기도로 다스려라

당신은 감정이 요동칠 때 어떻게 합니까?

나는 요동치는 감정을 성령님과 함께 다스립니다.

요동치는 감정은 '기도와 말씀'으로 다스려야 합니다.

감정이 요동칠 때는 일단 그 장소를 피해 혼자만의 시간을 가지며 기도하고 말씀을 묵상해야 합니다. 그러면 성령님이 도우십니다.

감정이 요동칠 때는 기도하고 말씀을 읽으면 영이 강해지므로 감정을 다스릴 수 있게 되고 성령님의 세미한 음성을 듣게 됩니다.

사람들이 감정을 아무 생각 없이 밖으로 쉽게 표현합니다.

그리스도인은 항상 감정 표현에 주의해야 합니다. 왜냐하면 감정은 어떻게 표현하느냐에 따라 선한 것이 될 수도 있고 주변 사람에게 의도하지 않는 큰 상처를 줄 수도 있기 때문입니다.

가인이 시기함으로 아벨을 죽인 후 하나님께서 "너의 안색이 변함이 어찜이냐? 죄가 문 앞에 엎드려 있나. 문이 조금이라도 열리면 들어가려고 틈을 노리고 있으니 깨어 있으라"고 말씀하셨습니다.

죄는 감정을 통해 들어오므로 우리는 '기분 나쁜 감정'을 잘 다스려야 합니다. 나는 감정이 풍부한 편입니다. 나는 어릴 때 사랑을 많이 받으며 자라서 밝게 잘 웃었습니다. 그런 나를 보고 동네 어른들이 밝고 명랑해서 보기 좋다고 말했습니다.

그리고 나는 슬픈 이야기를 듣거나 감동적인 영화나 드라마를 보면서 잘 울기도 합니다. 때론 슬픈 동화나 책을 읽을 때 감정이 크게 복받쳐 엉엉 울기도 합니다. 아이들에게 슬픈 동화를 읽어 주면서 어른인 내가 먼저 울어 버릴 때도 있었습니다. 그래서 아이들의 놀림을 받기도 할 정도로 나는 감정이 아주 풍부한 편입니다.

이런 감정 표현 때문에 날 좋아하는 사람이 많았지만 한편으로는 그런 나를 무시하고 놀리는 사람도 있었습니다.

많은 그리스도인들이 감정 표현을 제대로 못합니다. 그들은 슬플 때는 울지 않고 기뻐해야 할 때조차 거룩한 모양으로 어두운 표정을 유지하려고 애씁니다. 얼굴이 항상 근엄하게 굳어 있습니다.

예수님께서 말씀하셨습니다. "이 세대를 무엇으로 비유할까? 비유하건대 아이들이 장터에 앉아 제 동무를 불러 이르되 '우리가 너희를 향하여 피리를 불어도 너희가 춤추지 않고 우리가 슬피 울어도 너희가 가슴을 치지 아니하였다' 함과 같도다."(마 11:17)

어릴 때는 이런 감정 표현이 좋은 성격으로 여겼는데 어른이 되어 다른 사람을 돕는 위치에 있게 되니 때로는 사람들의 판단을 받아 난처하기도 했습니다. 언젠가 친구들과 함께 영화를 보러 간 적이 있었습니다. 그 영화는 전쟁 때 한 소녀가 강간을 당해 원치 않은 임신을 하고 가족을 잃고 혼자 그 모든 고통을 참다 결국 너무 힘들어 자살하는 이야기였습니다. 영화가 끝났지만 난 울분이 복받쳐 한참 동안 엉엉 울었습니다. 내 가슴이 찢어지듯 아팠습니다.

그 후에 한참이 지나 또 다시 영화 관람 이야기가 나왔을 때 그때 함께 갔던 사람 중 한 명이 비아냥거리듯 내게 말했습니다.

"또 질질 울 거면 안가요."

그 말을 듣는 순간 난 마음이 안 좋았습니다.

'왜 감정을 있는 그대로 표현한 것을 갖고 비꼴까?'

나는 슬프면 같이 울고 기쁘면 웃어 주고 하는 것이 좋지 않을까 싶었는데 어떤 사람들은 그걸 약한 모습으로 여기는 것 같습니다.

특히 신앙생활을 열심히 한다는 그리스도인들이 감정을 마음껏 표현하는 것에 대해 두려워하는 것 같습니다. 그러면 자신의 약함이 드러날까 두려워 애써 감정을 삭이고 표현하지 않으려고 하는 것입니다. 감정을 표현하면 자신이 발가벗겨져 속이 다 드러난다고 느끼는 것이죠. 하지만 감정은 하나님이 주신 귀한 선물입니다.

감정을 너무 억누르는 것도 잘못이지만 지나치게 아무 생각 없이 표출하는 것도 해가 될 수 있습니다. 이 귀한 선물을 적절히 잘 누리는 것이 중요합니다. 좋은 것도 잘 사용해야 유익합니다.

감정은 적절하게 잘 통제할 수 있을 때 빛을 발하게 됩니다.

우리가 결혼하고 처음 목회를 시작할 때였습니다. 성령님께서는 내게 사람을 대할 때 어떻게 감정을 표현해야 적절하고 유익한지를 많이 가르쳐 주셨습니다. 감정 표현을 할 때 특히 '화를 내는 것'을 많은 사람이 힘들어 합니다. 화를 내는 것은 잘못되었다고 생각하며 자신을 정죄하는 경우가 많습니다. 그러면 안 됩니다.

노예는 함부로 화를 낼 수 없지만 왕은 당당히 화를 낼 수 있습니다. 만왕의 왕이신 예수님은 성전에서 매매하는 사람들을 보고 분노를 표출하셨습니다. 불의에 대해 화를 내는 것은 꼭 필요합니다.

주님은 우리에게 "분을 품지 말라"고 하셨습니다. 옳지 못한 일에 대해 화를 내더라도 마음에 그 화를 계속 품고 있지 말라는 말씀입니다. 주변 사람들이 당신을 부당하게 대하거나 악의적으로 대할 때 그리스도의 사랑으로 불쌍히 여기며 이해하고 참아야 합니다.

그러나 지나치게 반복적으로 악하게 행하면 그대로 내버려 두지 말아야 합니다. 그것은 불의를 방치하는 죄를 짓는 것입니다. 그때는 왕처럼 격노하므로 꾸짖어 그런 악한 행동을 계속 하지 못하도록 단호하게 막아야 합니다. 그것이 서로에게 유익합니다.

나는 아이들을 너무나 사랑합니다. 하지만 아이들이 잘못된 행동을 반복하면 다시는 그러지 말라며 호되게 야단칩니다. 어릴 때는 매를 들기도 했는데 그러면 오히려 내 마음이 아파 힘들었습니다.

그때 야단맞은 아이가 와서 나를 껴안으면서 "엄마, 미안해요. 잘못했어요"라며 위로해 줍니다. 아이들은 부모가 자신을 정말 사랑해서 그러는지 아닌지를 정확하게 아는 것 같습니다.

자녀는 꾸지람을 즐겨 들어야 하고 부모는 자녀를 사랑하는 마음으로 근실히 징계해야 합니다.

"지혜로운 아들은 아비의 훈계를 들으나 거만한 자는 꾸지람을 즐겨 듣지 아니하느니라. 매를 아끼는 자는 그의 자식을 미워함이라. 자식을 사랑하는 자는 근실히 징계하느니라."(잠 13:1, 24)

어떤 부모는 자신의 감정을 아이들에게 분풀이로 표현합니다.

그런 경험을 한 자녀는 주눅 들고 눈치 보는 사람으로 자라게 됩니다. 감정 표현은 죄는 아니지만 어떻게 표현하느냐는 매우 중요합니다. 감정은 성령님과 함께 지혜롭게 표현해야 합니다.

예전에 가족 동반 모임이 있었습니다. 그때 내기 게임을 했는데 모두들 즐겁게 하고 있었습니다. 그 중에 한 사람이 승부욕이 남달랐는데, 그 팀이 지고 있었습니다. 모두들 웃고 떠들며 게임을 하는 도중에 갑자기 그 사람이 옆에 있는 자기 아이에게 버럭 화를 내는 것이었습니다. 순간 분위기가 싸늘해졌습니다. 그렇게 부모라는 권위를 내세워 자신의 감정을 자녀에게 아무런 거리낌 없이 일방적으로 표현하면 자녀에게 큰 상처를 줄 수 있습니다.

부모도 때로는 오해하여 잘못된 감정 표현을 할 수도 있습니다. 그럴 때는 비록 자녀라 할지라도 정중히 사과하고 오해해서 미안하다고 말해 줘야 합니다. 그래야 자녀의 마음이 상하지 않습니다.

성령님은 우리를 이끄셔서 성령의 열매를 맺게 하십니다.

"오직 성령의 열매는 사랑과 희락과 화평과 오래 참음과 자비와 양선과 충성과 온유와 절제니 이같은 것을 금지할 법이 없느니라." (갈 5:22~23)

이러한 성령의 열매를 따라 감정을 표현해야 합니다.

사람은 그 안에 가득한 것이 얼굴로 나타납니다. 하나님의 자녀는 그 안에 빛이 가득하기 때문에 얼굴에서 밝은 빛이 납니다. 그리스도 밖에 있는 사람들은 어둠의 자녀이므로 얼굴빛이 어둡습니다.

잘생겼다 못 생겼다 상관없이 얼굴이 행복으로 빛나야 합니다.

자신을 슬프고 우울하게 만드는 것은 남과 비교할 때이며 지나친 우월감과 좌절감 때문입니다. 또한 궁상떨 때 우울해지고 감정을 잘 조절하지 못하게 됩니다. 남을 원망할 때도 그렇습니다. 그러므로 부요 믿음으로 살며 항상 기뻐하고 범사에 감사하십시오.

용서할 수 있게 해 달라고 성령님께 도움을 구하라

우리는 살면서 각종 문제에 부딪혀 스트레스를 받고 또 생각지 못한 어려운 일에 부딪히기도 합니다. 그럴 때 어떻게 해야 그 문제를 해결하고 마음의 평화를 지속적으로 누릴 수 있을까요?

전지전능하신 주의 영 곧 성령님이 답입니다. 성령님은 우리가 당하는 어떤 문제보다 크신 분입니다. 그분이 우리에게 문제를 감당할 수 있는 힘을 주시고 또한 피할 길을 내십니다. 그러므로 우리는 순간마다 성령님을 의지하며 그분께 물어야 합니다.

"성령님, 어떻게 할까요?"

우리는 성령님을 믿는 믿음으로 살아야 합니다.

성령님은 지금 우리와 함께 계신 '임마누엘 하나님'이십니다.

성령님은 우리에게 하나님의 자녀로 살 수 있는 믿음을 주십니다. 우리는 오직 믿음으로 구원 받고 믿음으로 세상을 이기며 살아갑니다. "의인이 믿음으로 살리라"고 했습니다. 하지만 믿음을 발휘하지 못하게 하는 장애물이 있는데 '용서하지 않는 마음'입니다.

이것이 하나님을 바라보지 못하게 하고 사람에게 매이게 합니다.

예수님은 기도 응답의 조건으로 용서를 말씀하셨습니다.

"내가 너희에게 말하노니 무엇이든지 기도하고 구하는 것은 받은 줄로 믿으라. 그리하면 너희에게 그대로 되리라. 서서 기도할 때에 아무에게나 혐의가 있거든 용서하라. 그리하여야 하늘에 계신 너희 아버지께서도 너희 허물을 사하여 주시리라."(막 11:24~25)

"서서 기도할 때"는 우리가 원하는 무엇이든지 하나님께 구할 때를 말합니다. 그때 누군가를 미워하고 용서하지 않았다면 구하는 것을 받을 수 없다는 말씀입니다. 용서하지 못하면 사랑이 아닌 저주가 흘러나와 자신이 만든 감방에 자신이 갇히게 됩니다.

예수님은 형제가 하루에 490번 잘못을 저지르고 용서를 구한다 해도 용서하라고 하셨습니다. 용서는 매일의 생활에서 하나님과의 막힘없는 소통을 하기 위해 가장 중요한 것입니다.

어떤 사람은 자신을 괴롭힌 사람을 평생 용서할 수 없다고 말합니다. 그런 사람은 자신도 평생 우울하고 슬프게 살아야 합니다.

미움의 쓴 물이 마음에서 계속 흘러나오기 때문입니다.

하나님은 그분의 자녀들이 이 땅에서 행복하고 부요하게 모든 것을 누리며 살기를 원하십니다. 하나님의 사랑이 우리 마음에 부은 바 되었으므로 우리는 그 사랑을 따라 살아야 합니다. 사랑은 용서하는데서 출발합니다. 베드로전서 4장 8절에는 "무엇보다도 뜨겁게 서로 사랑할지니 사랑은 허다한 죄를 덮느니라"고 했습니다.

형제의 허다한 죄를 까발리지 말고 사랑으로 덮어 주십시오.

다른 사람을 용서하지 못하는 것도 문제지만 자신을 용서하지 못하는 것도 큰 문제가 됩니다. 형제의 잘못을 용서하듯이 자신의 잘못이나 실수도 정죄하면 안 됩니다. 그리스도 예수 안에 있는 자에게는 결코 정죄함이 없기 때문입니다. 자신을 정죄하지 마십시오.

"그러므로 이제 그리스도 예수 안에 있는 자에게는 결코 정죄함이 없나니 이는 그리스도 예수 안에 있는 생명의 성령의 법이 죄와 사망의 법에서 너를 해방하였음이라."(롬 8:1~2)

나쁜 짓을 멈추겠다는 약속을 받아 내라

죄를 지은 사람을 내 편에서 무작정 다 용서해야 할까요?

아닙니다. 그러면 그 사람은 자신의 죄를 깨닫지 못하고 똑같은 죄를 반복하며 더욱 악하게 행동할 것이며, 그로 인해 그 사람과 주위 사람 모두를 파멸의 구덩이에 던져 넣을 것입니다.

내 마음의 행복을 위해 형제를 용서했는데 그는 자신의 잘못을 깨닫지 못하고 더욱 악하게 행동하는 것을 나는 여러 번 경험했습니다. 그는 자신의 잘못을 장난 정도로만 여겼습니다. 그래서 나는 결심하고 그를 찾아가 권고하고 꾸짖었습니다. 그러자 그는 자신의 잘못을 깨닫고 '나쁜 행동을 반복하는 것'을 멈추었습니다.

이것이 진정한 사랑입니다. 사랑은 불의를 기뻐하지 않습니다. 무작정 반복해서 용서하면서 나쁜 행동을 용납하면 함께 망합니다. 용서와 용납은 다릅니다. 회개하면 용서하되 나쁜 행동은 절대로 용납하면 안 됩니다. 예수님도 때론 채찍을 들고 화를 내셨습니다.

예수님이 "형제를 용서하라"고 가르치실 때 먼저 말씀하신 것이 있는데 곧, 그 사람을 찾아가서 권고하라는 것입니다. 권고(勸告)는 '남에게 무엇을 하도록 권하는 것'을 말합니다. 죄를 범한 사람에게 무엇을 권해야 할까요? "자신의 죄를 인정하고 회개하고 더 이상 똑같은 죄를 짓지 않겠다고 약속하라"고 권해야 합니다.

"네 형제가 죄를 범하거든 가서 너와 그 사람과만 상대하여 권고하라. 만일 들으면 네가 네 형제를 얻은 것이요 만일 듣지 않거든 한두 사람을 데리고 가서 두세 증인의 입으로 말마다 확증하게 하라. 만일 그들의 말도 듣지 않거든 교회에 말하고 교회의 말도 듣지 않거든 이방인과 세리와 같이 여기라."(마 18:15~17)

어떻게 해야 할까요? 단계적으로 행동해야 합니다.

첫째, 그 사람과만 상대하여 권고해야 합니다.

둘째, 듣지 않으면 한두 사람을 데리고 가서 두세 증인의 입으로 말마다 확증하게 해야 합니다.

셋째, 그래도 듣지 않으면 교회에 말해야 합니다. 교회 지도자의 말도 듣지 않으면 이방인과 세리와 같이 여겨야 합니다.

나도 예전엔 사랑이라면 무조건 끝까지 용서하고 사랑하고 화목해야 한다고만 생각했습니다. "할 수 있는 대로 모든 사람과 화목하라"는 말씀대로 늘 주위 사람들과 화목하게 지내야 하는데 그렇지 못한 관계가 있으면 '내가 뭘 잘못했나? 어떻게 하면 더 잘해서 그 사람과 잘 지낼 수 있을까'라고 생각하면서 나 자신을 정죄하기 일쑤였습니다. 그러나 예수님은 분명히 말씀하셨습니다.

"상대가 잘못을 인정하고 태도를 바꾸지 않으면 상관하지 마라."

형제가 잘못된 행동을 했을 때의 처세술도 말씀하셨습니다.

"단 둘이 있을 때 조용히 그 사람에게 권해라. 잘못된 생각을 바꾸고 올바르게 행동하라고 해라. 그럼에도 불구하고 그가 돌이키지 않으면 두세 사람이 같이 가서 권해라. 그래도 안 되면 교회 장로들과 함께 권하라. 그래도 안 되면 이방인처럼 여기고 상관치 마라."

용서는 잘못한 그 사람에게 내가 하는 것입니다. 그때 그 사람이 나의 권면을 인정하고 받아들여야 하는데 그렇지 않고 계속 똑같이 나쁘게 행동한다면 그에 대해 단호한 태도를 가져야 합니다. 그런 사람들 때문에 "내가 뭘 잘못해서 그런 건 아닐까?"라며 자신을 정죄하거나 책망하며 낙심하며 침체되지 말아야 합니다.

예수님은 제자들에게 매고 푸는 권세가 있다고 말씀하셨습니다.

"진실로 너희에게 이르노니 무엇이든지 너희가 땅에서 매면 하늘에서도 매일 것이요 무엇이든지 땅에서 풀면 하늘에서도 풀리리라. 진실로 다시 너희에게 이르노니 너희 중의 두 사람이 땅에서 합심하여 무엇이든지 구하면 하늘에 계신 내 아버지께서 그들을 위하여

이루게 하시리라. 두세 사람이 내 이름으로 모인 곳에는 나도 그들 중에 있느니라."(마 18:18~20)

이 말을 들은 베드로가 형제를 용서하는 것에 대해 물었습니다.

"그 때에 베드로가 나아와 이르되 주여 형제가 내게 죄를 범하면 몇 번이나 용서하여 주리이까? 일곱 번까지 하오리이까? 예수께서 이르시되 네게 이르노니 일곱 번뿐 아니라 일곱 번을 일흔 번까지라도 할지니라."(마 18:21~22)

예수님은 비유를 들어 자세히 설명해 주셨습니다.

"그러므로 천국은 그 종들과 결산하려 하던 어떤 임금과 같다. 결산할 때에 만 달란트 빚진 자 하나를 데려오매 갚을 것이 없었다. 주인이 명하여 그 몸과 아내와 자식들과 모든 소유를 다 팔아 갚게 하라고 하자 그 종이 엎드려 절하며 말했다. '내게 참으소서. 다 갚겠습니다.' 그 종의 주인이 불쌍히 여겨 놓아 보내며 그 빚을 탕감하여 주었다. 그 종이 나가서 자기에게 백 데나리온 빚진 동료 한 사람을 만나 붙들어 목을 잡고 말했다. '빚을 갚으라.' 그러자 그 동료가 엎드려 간구하여 말하길 '나에게 참아 주소서. 갚겠습니다'라고 했지만 허락하지 않고 이에 가서 그가 빚을 갚으라며 옥에 가두었다. 그 동료들이 그것을 보고 몹시 딱하게 여겨 주인에게 가서 그 일을 다 알렸다. 이에 주인이 그를 불러다가 말했다. '악한 종아, 네가 빌기에 내가 네 빚을 전부 탕감하여 주었거늘 내가 너를 불쌍히 여김과 같이 너도 네 동료를 불쌍히 여김이 마땅하지 아니하냐?' 그리고 주인이 노하여 그 빚을 다 갚도록 그를 옥졸들에게 넘겼다. 너희가 각각 마음으로부터 형제를 용서하지 아니하면 나의 하늘 아버지께서도 너희에게 이와 같이 하실 것이다."(마 18:23~35)

우리는 형제를 용서하라는 말씀을 많이 들어왔습니다.

그러나 그에 앞서 말씀하신 15~17절도 생각해야 합니다. 무엇일까요? 하나님께 용서 받은 우리 자신이 다른 사람뿐만 아니라 자기 스스로를 정죄하지 말라는 것입니다. 정죄 의식을 버리십시오.

사람들은 혈육과의 관계에서 문제가 생길 때 가장 힘들어집니다.

문제를 해결하고 용서했음에도 불구하고 막상 다시 얼굴을 마주 보면 미움과 분노가 치밀어 오릅니다. 머리로는 '용서했어'라고 생각해도 감정과 육체가 아픔을 기억하고 힘들어하기 때문입니다. 그럴 때마다 감정을 다스리고 성령님께 도움을 구해야 합니다.

"시간이 약이다"라는 말이 있듯이 형제를 용서한 후에도 어느 정도의 시간이 지나야 나쁜 감정이 무뎌지고 사라집니다.

하나님은 우리에게 '망각'이라는 귀한 선물을 주셨습니다.

나쁜 경험이 있었던 사람을 대할 때 순간마다 불쑥 튀어 오르는 안 좋은 감정을 성령의 힘으로 다스리지 않고 육체의 반응을 따라서만 행동한다면 하나님의 의를 이룰 수 없습니다. 그러면 자신의 나약함에 대해 좌절하고 낙심하게 되며 당신의 양심이 하나님 앞에서 담대할 수 없습니다. 그 결과 하나님과의 관계에도 막힌 담이 생깁니다. 그러면 당신이 구하는 것을 응답받을 수도 없고 분노라는 감정의 감방에 갇혀 우울하고 피곤하고 병든 삶을 살게 됩니다.

주님이 당신에게 왜 형제를 용서하라고 하셨을까요?

첫째, 마음의 자유를 누리게 하기 위함입니다.

둘째, 하나님과의 소통에서 막힘이 없이 무엇이든 구한 것을 받아 누리게 하려 하심입니다.

셋째, 하나님과 친밀하게 사귀는 삶을 살도록 하기 위함입니다.

그러므로 연약한 형제를 볼 때 마음으로 용서하기 바랍니다.

어떻게 하면 당신을 괴롭힌 형제를 용서할 수 있을까요?

그의 이름을 불러 가며 축복 기도하면 됩니다.

"항상 내 기도에 쉬지 않고 너희를 말하며……."(롬 1:9)

기도 대상자와 전도 대상자의 이름을 메모지에 적고 그들의 이름을 부르며 축복 기도하십시오. 그러면 당신의 마음에서 그들을 향한 하나님의 사랑이 흘러 나게 될 것입니다. 당신을 시기 질투하는 사람, 당신을 괴롭힌 사람, 당신을 박해하는 사람, 당신을 미워하는 사람, 당신을 무시하는 사람, 당신을 대적하는 사람 등 어떤 사람이든 그 사람을 미워하지 말고 그들의 이름을 부르며 축복하십시오. 그러면 당신도 복을 받고 그들도 복을 받을 것입니다.

욥도 그랬습니다. "욥이 그의 친구들을 위하여 기도할 때 여호와께서 욥의 곤경을 돌이키시고 여호와께서 욥에게 이전 모든 소유보다 갑절이나 주신지라."(욥 42:10)

당신은 예수님께만 눈을 고정시킵니까?

당신은 무엇으로 자신의 마음을 다스립니까?

세상에 자신의 마음을 다스릴 수 있는 것은 없습니다. 그 어떤 것으로도 불가능합니다. 그러므로 성령님께 도움을 구해야 합니다.

성령님은 불가능을 가능하게 하시는 분입니다.

성령님은 지금 당신 안에 가득히 계시고 또한 당신을 덮고 계십니다. 성령님은 당신의 주인이시며 당신에게 일어난 모든 일의 주체이십니다. 그러므로 당신은 날마다 그분께 눈을 고정시켜야 합니다. 당신 안에 계신 성령님은 예수 그리스도의 영이십니다.

하루는 베드로가 풍랑 위를 걸어오시는 예수님을 보았습니다.

예수님이 "오라"고 하시자 베드로는 믿음으로 물위를 걸어 예수님께로 갔습니다. 초자연적인 힘에 의해 바다 위를 잘 건던 베드로가 바람을 보는 순간 두려워하며 물속으로 빠져 들어갔습니다.

베드로가 예수님께 눈을 고정시키고 그분께 마음을 집중했을 때는 풍랑이 보이지 않았고 파도가 느껴지지 않았습니다. 그때는 이성과 육체와 세상의 관점을 모두 초월해서 물위를 걸었습니다.

당신도 눈을 주님께 고정시키고 그분만 바라보며 살아야 합니다.

그러면 이 세상의 풍랑과 파도치는 환경이 당신을 힘들게 하지 못할 것입니다. 당신을 힘들게 하는 사람들로 인해 받는 고난과 시험을 거뜬히 다 이겨낼 것입니다. 나도 예전에 나를 괴롭히는 한 사람 때문에 많은 스트레스를 받은 적이 있습니다. 급기야 신경쇠약에 걸려 초조하게 몇 년을 살아야 했습니다. 더 이상 사람들과 부딪히고 싶지 않았습니다. 사람들을 만나면 두렵고 숨이 막혀 어디론가 피하고 싶었습니다. 도저히 어떻게 해야 좋을지 몰랐습니다.

나는 돌이켜 주님을 바라보기로 결심했습니다. "내가 다시 주님만 바라봐야겠다. 주님의 그늘 아래 숨어야겠다."

그렇게 마음먹고 만사를 제쳐놓고 말씀을 보며 기도하기 시작했습니다. 그러자 몇 개월이 지나고 1년 정도가 되자 내 눈이 예수님께 고정되기 시작했습니다. 이 세상에서 가장 힘이 세고 믿음직스러운 나의 신랑 예수님께 푹 빠지게 된 것입니다. 그분과 데이트하면 할수록 내 마음은 더 강해지고 확고한 평안을 누리게 되었습니다. 당신도 인생을 살면서 여러 가지 풍랑이나 파도를 만날 수 있습니다. 그때마다 믿음의 주요 온전케 하시는 예수님을 바라보십시오.

"믿음의 주요 또 온전하게 하시는 이인 예수를 바라보자. 그는 그 앞에 있는 기쁨을 위하여 십자가를 참으사 부끄러움을 개의치 아니하시더니 하나님 보좌 우편에 앉으셨느니라."(히 12:2)

문제가 생기면 성령님께 물어라

하나님의 자녀는 어떤 자세로 문제를 대해야 할까요?

"네 짐을 여호와께 맡기라"(시 55:22)는 말씀대로 어떤 문제든지 하나님께 가져가서 간절히 기도하며 맡겨야 합니다. 그러면 성령님께서 기적적인 방법으로 그 문제를 해결해 주십니다.

어떤 사람은 문제가 생기면 주변 사람을 탓하며 책임을 회피하려고 합니다. 그렇게 다른 사람 때문이라며 그들을 원망하고 미워하면 안 됩니다. 또 어떤 사람은 자신을 정죄하며 책망합니다.

"그리스도 예수 안에 있는 자에게는 결코 정죄함이 없나니 이는 그리스도 예수 안에 있는 생명의 성령의 법이 죄와 사망의 법에서 너를 해방하였음이라"(롬 8:1~2)는 말씀대로 그리스도 예수 안에 있는 당신에게는 결코 정죄함이 없으므로 자신과 남을 탓하며 원망하거나 정죄하지 말아야 합니다. 모든 일에 사람이나 사탄이 아닌 여호와를 인정해야 합니다. 잠언 3장 6절에 말씀합니다.

"너는 범사에 그를 인정하라. 그리하면 네 길을 지도하시리라."

"이 사람 때문에, 저 사람 때문에"라고 말하지 말고 모든 일에 성령님이 인도하신다는 것을 믿고 인정하십시오. 그러면 그분이 당신에게 일어난 모든 일을 합력해서 선을 이루실 것입니다. "우리가 알거니와 하나님을 사랑하는 자 곧 그의 뜻대로 부르심을 입은 자들에게는 모든 것이 합력하여 선을 이루느니라."(롬 8:28)

당신에게 일어난 모든 일이 합력하여 선을 이루고 있습니다.

하나님의 종은 그분이 시킨 대로 해야 한다

당신은 문제가 생기면 어떻게 반응합니까?

사울은 문제가 생겼을 때 나름대로의 융통성을 발휘하여 임의로 행동했지만 다윗은 문제가 생길 때마다 융통성이 없이 오직 주님께 묻고 주님이 시키신 대로만 순종했습니다. 그 결과 사울은 하나님께 버림받았고 다윗은 하나님의 마음에 합한 자로 인정받았습니다.

사울에게서 여호와의 영이 떠나갔고 다윗에게 여호와의 영이 머물렀습니다. "여호와께서는 사울을 이스라엘 왕으로 삼으신 것을 후회하셨더라. 여호와께서 사울을 떠나 다윗과 함께 계시므로 사울이 그를 두려워한지라."(삼상 15:35, 18:12)

당신은 어떤 사람이 되고 싶습니까?

사울처럼 임의대로 행하면 하나님께 버림받습니다. 그렇다고 구원에서 버림받는 것은 아닙니다. 하나님은 사울을 이스라엘 왕으로 삼으신 것을 후회한다고 했습니다.

우리는 문제가 생길 때마다 "성령님, 어떻게 할까요?"라고 여쭈어야 합니다. 그러면 성령님께서 가장 좋은 대처법을 알려주십니다.

문제가 생기면 인간적인 마음으로 나서지 말고 오직 성령님께 묻고 그분의 음성을 듣고 순종하십시오. 그러면 성령님이 직접 운행하시며 그 일을 가장 아름다운 모습으로 해결해 주십니다.

문제가 생기면 자신을 몰아붙이지 말아야 합니다.

주님 안에서 쉬고 있다가 주님이 이끄실 때 순종하면 됩니다.

지금 당장 열심히 최선을 다하지 않으면 해결되지 않는다고 끊임없이 자신을 채찍질해 몰아붙이면 과부하에 걸려 오히려 아무것도 할 수 없는 고장 난 물건 같이 될 수도 있습니다.

얼마 전에 우리 집 세탁기가 고장 났습니다.

세탁조가 돌아가지 않았는데 기사가 원인을 찾아보더니 과부하에 걸려 모터와 세탁조를 연결해 주는 부위가 깨어졌다고 했습니다.

여섯 식구가 매일 만들어 내는 빨래 양은 굉장히 많습니다. 그것을 세탁기가 감당할 수 있는 양보다 더 많이 넣어 그렇다고 했습니다. 적정량을 여러 번 돌리는 것은 상관없지만 많은 양을 넣어 돌리는 것을 반복하면 과부하가 걸린다는 것입니다.

인생도 이와 같습니다. 육제도 정신도 어느 정도의 스트레스를 받으며 그 문제를 잘 해결하면 강해집니다. 그러나 큰 충격을 받거나 극심한 스트레스를 주기적으로 받는다면 병이 생길 수 있습니다.

그러므로 자신을 극한까지 몰아붙이지 말아야 합니다. 성령님과 함께 쉬면서 그분의 인도하심을 기다려야 합니다.

인생에는 능력과 사랑과 절제하는 마음, 모두 중요합니다.

"하나님이 우리에게 주신 것은 두려워하는 마음이 아니요 오직 능력과 사랑과 절제하는 마음이니"(딤후 1:7)라고 했습니다. 하나님이 우리에게 주신 것은 능력과 사랑만 아닙니다. 절제하는 마음도 주셨습니다. 절제하는 마음은 자동차의 브레이크와 같습니다.

능력이 있다고 엑셀을 끝까지 밟고, 사랑이 있다고 사람을 많이 태우고 달리면 대형 사고가 날 수 있습니다. 절제하는 마음으로 엑셀을 살살 밟고 사람도 적당히 태우고 상황에 따라 브레이크를 잘 밟으며 운전해야 안전하고 사고가 나지 않습니다.

많은 경우, 문제가 외부로부터 생기기보다는 그 상황을 대하는 자신의 태도에 달려 있습니다. 주님은 우리에게 기도와 말씀으로 무장하라고 하셨습니다. 우리의 마음을 지킬 수 있는 것은 기도와 말씀이기 때문입니다. 어떤 일을 하든, 어떤 상황에 놓여 있든 우리는 기도하며 하나님의 말씀에 근거해서 그 일을 대해야 합니다.

그렇다면 예수님은 문제를 어떻게 대처하셨을까요?

첫째, 예수님은 많은 사람들을 상대하신 후에는 피곤한 몸을 이끌고 한적한 곳에 가셔서 혼자만의 시간을 가지셨습니다. 그곳에서 조용히 쉬기도 하고 하나님께 기도하셨습니다. 그분은 습관을 따라 혼자 조용히 계셨습니다. 당신도 혼자만의 시간을 가지며 성경책과 믿음의 책을 읽으며 깨달음을 얻고 오래 기도하십시오.

둘째, 예수님은 자신을 돌로 치려는 자들을 피해 몸을 숨기셨습니다. 당신도 대적하는 사람을 만나거나 당신의 힘으로 해결할 수 없는 문제를 만나면 일단 피신하십시오. 시간이 지나면서 점차 해결할 수 있는 길이 열릴 것입니다.

셋째, 예수님은 자신을 미워하거나 대적하는 자들을 상관하지 않으셨습니다. 나는 남편과 함께 수십 년간 목회하면서 많은 사람이 오기도 하고 떠나기도 하는 것을 경험했습니다. 우리는 오는 사람을 막지 않았고 떠나는 사람을 잡지도 않았습니다. '그들의 걸음을 지도하시는 분'이 여호와 하나님이심을 알기 때문입니다.

"여호와여, 내가 알거니와 사람의 길이 자신에게 있지 아니하니 걸음을 지도함이 걷는 자에게 있지 아니하니이다."(렘 10:23)

넷째, 예수님은 부활 후 제자들에게 "평안하라"고 하셨습니다.

예수님이 당신의 모든 징계와 형벌을 담당하셨으므로 당신은 더 이상 징계와 형벌을 받지 않습니다. 평화를 누리며 살 것입니다.

"그는 실로 우리의 질고를 지고 우리의 슬픔을 당하였거늘 우리는 생각하기를 그는 징벌을 받아 하나님께 맞으며 고난을 당한다 하였노라. 그가 찔림은 우리의 허물 때문이요 그가 상함은 우리의 죄악 때문이라. 그가 징계를 받으므로 우리는 평화를 누리고 그가 채찍에 맞으므로 우리는 나음을 받았도다."(사 53:4~5)

내가 부족해서 그렇다며 죄책감을 갖지 마라

당신은 죄책감에 사로 잡혀 고통당하고 있지 않습니까?

하나님은 당신의 이웃보다 당신이 먼저 행복하기를 바라십니다.

당신이 땀 흘리며 노력해서 세상 모든 사람을 행복하게 해준다 할지라도 당신이 행복하지 못하다면 무슨 소용이 있겠습니까?

하나님은 당신이 먼저 행복하기를 원하십니다.

당신에게 가득한 행복이 다른 사람에게 전염되기를 원하십니다.

많은 사람들이 남을 위해 헌신하며 살아야 한다는 부담을 갖고 있습니다. 자신의 행복을 추구하면 안 된다는 소극적인 태도와 남에게 양보하고 배려해야 한다는 이타심에 잡혀 상대방의 잘못된 행동을 거절하지 못하는 것입니다. 조금이라도 자신의 이익을 챙기면 안 될 것 같고 남들이 가난하게 사는데 자신이 부요하면 괜히 죄짓는 것 같아 끊임없이 다른 사람들의 시선을 의식하는 것입니다.

오늘부터는 자유를 얻으십시오. 하나님은 그분의 자녀인 당신이 먼저 모든 것을 받아 누리기를 원하십니다.

성경은 분명히 "우리에게 모든 것을 후히 주사 누리게 하시는 하나님"(딤전 6:17)이라고 말씀했습니다. 받아 누리는 것이 믿음입니다. 믿음이 없으면 억만 금을 벌어도 십 원도 누릴 수 없습니다.

당신은 자신을 위해 어느 정도의 돈을 씁니까?

자신을 위해 돈을 쓰려면 믿음이 있어야 합니다.

나는 지금은 자신을 위해 편한 마음으로 돈을 쓰지만 예전에는 그렇게 돈을 쓰는 것을 매우 힘들어 했습니다. 남편이 나를 위해 옷을 사주고 나의 건강을 챙겨 주길 바랐습니다. 내가 진정으로 하고 싶은 일이 있어도 남편과 주위 사람의 눈치를 보았고 그들이 내 대신 돈을 내주며 "이거 해봐"라고 말해 주길 기대했습니다.

그러다 보니 때로는 내가 원하는 것이 있는데도 불구하고 내 마음을 몰라주는 남편이 야속하고 섭섭하게 여겨져 혼자 우울한 마음에 사로잡혀 힘들어하기도 했습니다. 나 자신을 위해 투자하며 돈을 쓰는 것에 대해 미안한 마음이 있었기 때문입니다.

'내가 이런 걸 하겠다고 돈을 써도 될까?'

'나를 위해 돈을 쓰면 주변 사람들이 뭐라고 생각할까?'

'내게 그럴 만한 가치가 있을까?'

수많은 생각들로 고민하고 갈등하며 끙끙댔습니다.

나 자신의 가치를 너무 낮고 하찮게 여겼기 때문입니다.

남들이 나를 알아봐 주고 챙겨 주길 바라는 생각 때문입니다.

사실 그 누구도 나 자신을 온전히 알 수 없습니다. 나도 가장 가까이 있는 남편의 마음을 모를 때가 있고 그가 정말 원하는 것이 무엇인지 다 알 수 없습니다. 그러면서 남이 나를 위해 알아서 챙겨 주고 돈을 써 주길 바라는 것은 너무 막연하지 않을까요?

예수님이 맹인에게 구체적으로 원하는 것을 물으셨습니다.

"네게 무엇을 하여 주기를 원하느냐?"

"주여, 보기를 원하나이다."

예수께서 그에게 말씀하셨습니다.

"보라, 네 믿음이 너를 구원하였느니라."

그러자 그가 곧 보게 되어 하나님께 영광을 돌리며 예수를 따랐습니다. 백성이 이를 보고 하나님을 찬양했습니다.(눅 18:41~43)

주님은 지금도 당신에게 무엇을 원하는지 물으십니다.

그러므로 당신은 자신이 원하는 것을 정확하게 알아야 합니다.

돈을 쓸 때도 이웃보다 당신의 몸을 위해 먼저 써야 합니다.

성경에 "네 이웃을 네 몸과 같이 사랑하라"고 했기 때문입니다.

당신은 자신을 위해 돈을 쓰는 것을 이기심이라고 생각하지 않습니까? "네 이웃을 사랑하고 하나님을 사랑하라"는 말씀이 마음에 깊이 자리 잡고 있기 때문에 자신을 위해 돈을 쓰는 것은 왠지 이기적인 것 같아 양심의 죄책감을 느끼게 되는 것입니다.

당신의 이웃 중에 가장 가까운 이웃은 바로 자신입니다.

하나님의 말씀을 자세히 보면 "네 이웃을 네 몸과 같이 사랑하라"고 했습니다. 이웃을 사랑하기에 앞서 당신의 몸을 먼저 사랑하라는 말씀입니다. '내 몸'은 온데간데없고 '오직 이웃'만 생각한다면 당신은 건강하고 행복하게 살 수 없습니다. 이 말씀을 "나는 불행하더라도 이웃은 챙겨야 한다"는 의미로 오해하지 마십시오.

하나님은 당신을 구원하기 위해 대속의 은혜를 베푸셨습니다.

당신이 먼저 그 은혜를 받아 누리고 알아야만 이웃에게 복음을 전하며 사랑을 실천할 수 있습니다. 이처럼 하나님은 당신의 삶의 전 영역에 있어 당신이 먼저 누리고 행복하길 원하십니다. 자식에게 빵을 주었는데 자기는 쫄쫄 굶으면서 남에게 그 빵을 다 주었다면 아버지의 마음이 어떻겠습니까? 자식이 먼저 먹고 그 다음에 남을 돌보는 것이 옳습니다. 하나님은 그 정도로 부요하신 분입니다. 예수님은 자신이 굶으면서 오천 명을 먹이지 않았습니다. 그러므로 오늘부터는 자신을 위해 돈을 쓰거나 원하는 것을 하는데 있어 조금도 죄책감을 갖지 말기 바랍니다.

하나님이 주신 모든 것을 믿음으로 받아 누리십시오.

하나님의 자녀로서 지켜야 할 기본인 '십계명'에 어긋나지 않는 것이라면 무엇이든지 자신을 위해 과감히 해도 됩니다.

당신은 만왕의 왕이신 하나님의 자녀입니다. 어쩌면 당신은 자신이 생각하는 것보다 훨씬 더 멋지고 매력적인 사람인지도 모릅니다.

그동안 하나님이 베풀어주신 은혜를 추억해 보십시오.

많은 사람들이 좋았던 것보다는 싫었던 상황이나 힘들었던 일을 더 오래 기억하는 경향이 있습니다. 그래서 자신의 좋은 점보다는 실패했던 것을 더 오래 기억하게 됩니다. 그러면 자신이 보잘것없는 존재인 것처럼 느껴질 것입니다. 실상은 그렇지 않습니다.

당신은 그리스도 안에서 매우 존귀한 사람입니다.

당신 자신을 더 존중하기 바랍니다.

당신의 믿음은 날마다 성장하고 있는가?

당신은 믿음은 날마다 성장하고 있습니까?

아니면 처음 믿은 그대로의 작은 믿음에 머물러 있습니까?

예수님은 제자들에게 믿음이 자라야 한다고 말씀하셨습니다.

"하나님의 나라는 사람이 씨를 땅에 뿌림과 같으니 그가 밤낮 자고 깨고 하는 중에 씨가 나서 자라되 어떻게 그리 되는지를 알지 못하느니라. 땅이 스스로 열매를 맺되 처음에는 싹이요 다음에는 이삭이요 그 다음에는 이삭에 충실한 곡식이라."(막 4:26~28)

안타깝게도 많은 하나님의 자녀들이 믿음이 너무 작고 약해서 주위 사람들과의 작은 부딪힘에도 시험에 들어 힘들어 하는 것을 보게 됩니다. 사탄이 가장 원하는 바이기도 합니다.

예수님은 베드로에게 사탄이 밀 까부르듯 흔들 때 그의 믿음이 떨어지지 않기 위해 기도하겠다고 말씀하셨습니다.

"시몬아, 시몬아, 보라 사탄이 너희를 밀 까부르듯 하려고 요구하였으나 그러나 내가 너를 위하여 네 믿음이 떨어지지 않기를 기도하였노니 너는 돌이킨 후에 네 형제를 굳게 하라."(눅 22:31~32)

하나님은 당신의 믿음이 날마다 성장하기를 바라십니다.

당신이 겪는 시험은 당신 안에 계신 성령님과 함께 넉넉히 이겨낼 수 있습니다. 어떤 사람은 예수님을 믿고 하나님의 자녀가 되면 이 세상에서 더 이상 문제가 없을 것이라고 생각합니다.

그러나 우리는 예수님이 그랬던 것처럼 순간마다 시험을 만나며 그 시험을 통해 믿음이 더 크게 성장하게 됩니다.

예수님은 제자들에게 "너희는 나의 모든 시험 중에 항상 나와 함께 한 자들이다"(눅 22:28)라고 말씀하셨습니다. 여기서 예수님은 '모든 시험'이라고 하셨습니다. 이 말은 한두 가지가 아닌 많은 시험을 겪으셨다는 말씀입니다. 그런 예수님은 시험을 받아 고난을 당하는 당신을 능히 도우실 수 있습니다. "그가 시험을 받아 고난을 당하셨은즉 시험 받는 자들을 능히 도우실 수 있느니라."(히 2:18)

하나님은 당신이 감당할 수 있는 시험만 허락하십니다.

"사람이 감당할 시험 밖에는 너희가 당한 것이 없나니 오직 하나님은 미쁘사 너희가 감당하지 못할 시험 당함을 허락하지 아니하시고 시험 당할 즈음에 또한 피할 길을 내사 너희로 능히 감당하게 하시느니라."(고전 10:13)

여러 가지 시험을 만날 때 어떻게 해야 할까요?

"내 형제들아, 너희가 여러 가지 시험을 당하거든 온전히 기쁘게 여기라. 이는 너희 믿음의 시련이 인내를 만들어 내는 줄 너희가 앎이라. 인내를 온전히 이루라. 이는 너희로 온전하고 구비하여 조금도 부족함이 없게 하려 함이라."(약 1:2~4)

첫째, 온전히 기쁘게 여겨야 합니다. 당신이 매일 부딪히는 눈앞의 여러 가지 시험을 바라보면 기쁨이 사라지고 불안과 두려움, 염려와 근심, 원망이 가득해집니다. 하지만 그 모든 시험의 주체이신 주의 영 곧 성령님을 바라보면 온전히 기뻐할 수 있습니다.

둘째, 믿음의 시련이 인내를 만들어 낸다는 것을 알아야 합니다. '소망의 시련'이 아닙니다. 소망은 막연히 끝도 없이 기다려야 하기 때문에 시련이 없습니다. '믿음의 시련'이라고 했습니다. 당신이 한 번 기도하고 구한 것을 받았다고 믿기 때문에 그 '받았다는 믿음에 대해 시련'이 오는 것입니다. 시련을 통해 인내를 배우게 됩니다.

인내는 하나님의 시간표를 따라 기다리는 것입니다. '믿음'이란 동전의 뒷면에는 '인내'란 글자가 새겨져 있습니다. 이것도 하나님의 믿음과 하나님의 인내입니다. 아브라함은 아들을 주신다는 하나님의 언약을 받은 후에 하나님의 믿음으로 25년을 기다렸습니다.

셋째, 인내를 온전히 이루어야 합니다. 처음에는 인내하다가 도저히 힘들어서 못 견디겠다며 중간에 믿음의 자리를 뛰쳐나가면 안 됩니다. 처음부터 끝까지 인내를 온전히 이루어야 합니다. 하나님의 인내로 인내하십시오. 인내는 성령의 열매입니다.

넷째, 시험의 목적은 당신으로 하여금 온전하고 구비하여 조금도 부족함이 없게 하려 함입니다. '구비하다'는 말씀은 '하나도 빠짐없이 다 갖춘다'는 뜻입니다. 하나님은 당신으로 하여금 그리스도 안에서 일곱 가지 은혜 곧 '의와 성령 충만, 건강과 부요함, 지혜와 평화와 생명'을 하나도 빠짐없이 다 갖추길 원하십니다.

믿음에는 여러 가지 시험이 함께 옵니다.

그 모든 것을 성령님과 함께 이겨 나가십시오.

이긴 자에게는 하나님이 반드시 '믿음의 상'을 주십니다.

예수님이 서머나교회에게 말씀하셨습니다. "너는 장차 받을 고난을 두려워하지 말라. 볼지어다, 마귀가 장차 너희 가운데에서 몇 사람을 옥에 던져 시험을 받게 하리니 너희가 십 일 동안 환난을 받으리라. 네가 죽도록 충성하라. 그리하면 내가 생명의 관을 네게 주리라. 귀 있는 자는 성령이 교회들에게 하시는 말씀을 들을지어다. 이기는 자는 둘째 사망의 해를 받지 아니하리라."(계 2:10~11)

고난을 겪더라도 죽도록 충성하십시오.

세상으로 부터 환난이 오기도 하며 교회 안에서 믿음의 시련이 오기도 합니다. 성령님을 의지해서 그 모든 것을 이겨내십시오. 그러면 당신의 믿음이 점점 더 견고해지고 크게 자라게 될 것입니다.

어느 날 기도하는데 주님께서 내게 세미한 음성으로 '너를 많이 사랑한다'고 하셨습니다. 그래서 나는 주님께 '제가 주님의 마음을 많이 아프게 해 드렸는데 그래도 저를 많이 사랑하시나요?'라고 여쭈었습니다. 그러자 주님께서 이렇게 대답하셨습니다.

'그래, 네가 자녀들을 사랑하는 것처럼 나도 너를 사랑한다.'

그렇습니다. 아이들이 아무리 애를 먹이고 잘못을 저지르고 실수해도 나는 아이들의 엄마니까 여전히 그 아이들을 많이 사랑합니다. 그 아이들을 향한 사랑이 내 가슴에서 강물처럼 계속 흘러나옵니다.

그와 같이 주님께서 나를 많이 사랑하신다고 하신 것입니다.

며칠 전에는 한 아이가 내가 하지 말라는 일을 자꾸 해서 나를 속상하게 했습니다. 하지만 잠시 후에 그 아이를 바라보는데 너무 사랑스러웠고 순간 내 마음속에서 말할 수 없는 큰 기쁨이 솟아났습니다. 부모의 사랑은 이런 것입니다. 자녀가 아무리 실수하고 말썽을 부려도 금방 강물처럼 사랑이 흘러나와 굳었던 감정이 사르르 녹아 버립니다. 하나님 아버지의 사랑은 그런 나의 사랑과는 비교도 되지 않는 한없이 크고 넓은 바다 같은 사랑입니다.

그 크신 주님의 사랑이 나를 끝까지 붙잡고 계십니다.

내 마음속에 주님의 사랑이 강물처럼 계속 흘러넘칩니다.

주님은 그분의 자녀인 당신을 한없이 사랑하십니다.

주님께 마음을 드리고 그분을 온전히 사랑하십시오.

"너희 모든 성도들아, 여호와를 사랑하라."(시 31:23)

당신은 성령님을 아십니까?

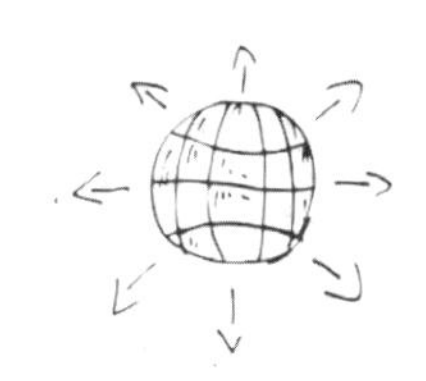

당신은 성령님을 아십니까?

당신은 성령님을 아십니까?

사도행전에 보면 이런 구절이 나옵니다.

"우리는 성령이 있음도 듣지 못하였노라."(행 19:2)

혹시 당신도 그렇지 않습니까? 이것이 가장 큰 불행입니다.

나는 지금 성령님과 교제하는 삶을 살고 있습니다. 전에는 이런 것이 있는지도 몰랐고 아무도 내게 가르쳐 주지 않았습니다.

가끔 주위에서 영적인 말을 하는 것을 듣긴 했습니다.

"영혼이 어떻고……."

"우리는 성령으로 봉사해야 한다."

성령님에 대한 말을 듣긴 했지만 내 가슴에 와 닿지 않았습니다.

성령님의 존재와 인격, 능력과 열매에 대해 듣긴 했지만 나와 상관없는 일로 여겨졌습니다. 그냥 기도하라면 기도하고 성경 읽으라면 성경 읽고 찬송하라면 찬송했습니다. 성령님과 인격적으로 사귀는 기도가 있다는 걸 처음 들었습니다. "이게 뭘까?" 하고 조금씩 안으로 들어가면서 내 인생은 완전히 바뀌었습니다. 내 안에서 예수님이 약속하신 생수의 강이 넘치게 되었고 내 마음은 한없이 행복해졌습니다. 지금은 성령님을 친근하게 자주 부릅니다.

이게 뭔지 참으로 놀랍고도 이상합니다.

"성령님, 성령님, 성령님, 이래요. 저래요."

무엇이든지 "성령님" 하고 부르면 가르쳐 주십니다.

내가 입술을 열어 하루 종일 "성령님" 하고 부르는 것조차도 너무나 신기하고 놀랍습니다. 성령님은 내가 생각하지 못한 것을 가르쳐 주시고 또 내 마음에 답답한 생각이 있으면 편안하게 해주십니다. 내가 어떻게 해야 할지 몰라 힘들어 하면 길을 가르쳐 주시고 궁금한 것이 있어 물으면 답도 가르쳐 주십니다. 내가 묻는 대로 정확하게 다 설명해 주십니다. 당신도 "성령님" 하고 부르기만 하세요. 정말 신기해요. 이런 기도가 있어요. 한 번 해보세요.

"성령님, 어떻게 할까요?"

이 책을 끝까지 읽고 하나도 놓치지 말고 읽은 그대로 실천해 보세요. 그러면 당신에게 기적이 일어날 것입니다. 궁금한 것이 있으면 내가 쓴 다른 책들도 모두 구입해서 읽어보세요. 당신도 나처럼 완전히 새로운 인생으로 살 수가 있습니다. 가슴에서 천국의 행복이 폭발합니다. 내가 그런 인생으로 바뀌었습니다.

나는 어둠에 있다가 빛으로 바뀌었습니다.

내 안에 태양보다 더 큰 빛이신 예수님이 성령으로 가득히 들어와 계십니다. 내 안에서 생수의 강물이 철철 흘러넘치고 있습니다.

나는 내 인생을 바꾸신 성령님께 이런 부탁을 드립니다.

"사랑하는 성령님, 우리 식구도 모두 바꿔 주세요. 세상 모든 사람들이 놀라우신 성령님과 교제하게 해주세요. 모두 빛나는 인생, 찬란한 인생, 성령의 사람으로 변화되게 해주세요. 부탁합니다."

그리고 나는 성령님께 마음을 다해 사랑을 고백합니다.

"성령님, 저는 성령님이 좋아요. 성령님, 많이 사랑합니다."

나는 성령님 때문에 최고의 인생을 산다

당신은 하루하루를 어떻게 살고 있습니까?

나는 성령님과 함께 믿음으로 살기 때문에 행복합니다.

나는 예전에 교회에 잘 다니며 하루하루 열심히 착하게만 살면 되는 줄 알았습니다. 그런데도 우리 가정은 행복하지 않았습니다. 나는 인생이 뭔지 알 수 없었습니다. 강하고 센 남편 밑에서 어떻게 살아야 되는지, 어떻게 해야 되는지 도무지 알 수가 없었습니다.

그때 하나님은 내게 말씀을 읽게 하시고 믿음의 책을 읽게 해주셨습니다. 그러다가 김열방 목사님이 쓰신 〈성령을 체험하라〉는 책을 읽는데 내 가슴에 불이 붙어 꺼지지 않고 계속 뜨거웠습니다.

눈만 뜨면 "앗, 뜨거워. 앗, 뜨거워" 하면서 하루 이틀 사흘 나흘 계속 가슴이 뜨거웠고 내 안에 성령님을 모시고 살며 하루하루 성령님을 찾게 해주셨습니다. 때로는 힘들어도 마음은 하늘을 나는 것처럼 말할 수 없이 기뻤습니다. 내 삶이 완전히 바뀌었습니다.

나는 하나님께 "믿지 않는 사람도 부요하게 사는데 하나님 자녀인 제가 이렇게 살 순 없어요. 저는 시시하게 살기 싫어요. 지고 사는 것도 싫어요"라고 노래하듯이 중얼거리며 기도했습니다. 그러자 하나님은 정말 그런 내 기도에 기꺼이 응답해 주셨습니다.

사람들이 내게 선물을 가져오는데 대추도 아주 크고 처음 보는 것으로, 과일과 생선도, 그 외에 모든 것을 희한하게도 최고의 것만 골라 보내 주시는 것이었습니다. 놀랍고 신기하기만 했습니다.

또 내가 특별히 잘한 것도 없는데 울산노회 여전도연합회 회장도 맡아 섬기게 해주시고 이렇게 복음이 담긴 귀한 책도 쓰게 해 주셨습니다. 좋으신 하나님은 자리가 없으면 만들어서라도 주시고 전혀 모르는 최고의 사람들을 내게 많이 붙여 주셨습니다.

내 인생에 최고의 은혜는 내가 최고 중의 최고인 하나님을 만났다는 것이고 내가 예수를 구주로 믿어 모든 죄를 사함 받고 성령으로 거듭나 하나님의 자녀가 되게 해주셨다는 것입니다. 또한 내 안에 존귀하신 성령님을 모시고 살며 그분과 친밀하게 교제하며 온 세상에 복음을 전하는 최고의 인생을 살게 해주셨다는 것입니다. 하나님, 억만 번이나 감사합니다. 성령으로 거듭난 내 인생은 너무나 희한하고 신기합니다.

성령님은 내가 생각하고 말하고 꿈꾸는 대로 다 이루어 주십니다. 나는 하나님 아버지가 앞으로 어떤 놀라운 선물을 주실까 늘 기대하며 행복하게 삽니다. 당신도 예수를 구주로 믿고 죄를 사함 받고 성령으로 거듭나면 나처럼 황홀한 최고의 인생을 살 수 있습니다. 한번뿐인 인생을 이렇게 살아야 하지 않겠습니까?

인생은 선택입니다. 예수님을 선택하십시오. 당신과 나의 죄를 위해 십자가에서 피와 땀과 눈물을 흘리며 값을 다 지불하고 "다 이루었다"(요 19:30)고 외치신 구원자 예수님을 마음으로 믿고 주인으로 모시면 구원을 얻습니다. 그리고 예수의 영이신 성령님과 인격적으로 교제하며 주의 이름을 높이며 사는 최고의 인생이 되십시오. 이렇게 중얼거리며 감사와 찬양의 기도를 하십시오.

"하나님 아버지, 감사합니다. 예수님, 감사합니다. 성령님, 감사합니다. 모든 존귀와 영광, 찬양을 주님께서 받아 주옵소서."

성령 안에서 내 인생은 한없이 행복하다

한번뿐인 소중한 당신의 인생은 지금 어떻습니까?

나는 성령 안에서 생활하기 때문에 한없이 행복합니다.

결혼 전에는 큰 어려움을 모르고 살았는데 믿지 않는 남편을 만나 결혼한 후부터 내 인생은 말이 아니었습니다. 끝이 보이지 않는 터널을 지나는 것 같았습니다. 그래서 날마다 하나님께 물었습니다.
"하나님, 사는 게 뭐예요. 사는 게 뭐예요?"

나는 하나님께 내가 왜 태어났는지, 내가 누구인지, 내가 무얼 해야 되는지 셀 수 없이 많이 물었습니다. 밤낮 묻고 또 묻고 또 묻고 또 물었습니다. 하나님은 그때마다 힘든 현실과는 다른 너무나 놀라운 음성을 들려주셨습니다. 내가 "성령님!" 하고 부를 때마다 가르쳐 주시고 말씀해 주시고 들려주시고 속삭여 주시고 응답해 주셨습니다. 성령 안에서의 내 인생은 이런 거라고 말씀하셨습니다.

인생이란 이런 거야

인생은 축제
인생은 하나님의 선물
인생은 하나님의 계획
인생은 작품
인생은 스릴 넘치지

성령 충만한 인생
하나님 자녀의 인생
평생 감사의 인생
절대 긍정의 인생

신비의 인생
살리는 인생

천국같이 살다가 천국에 가는 인생
놀랍고 놀라운 인생
믿음의 대가의 인생

장밋빛 인생
별과 같이 빛나는 인생
궁창의 빛과 같이 빛나는 인생
세상을 넉넉히 이기는 인생

크고 비밀한 인생
휘황찬란한 인생

창조의 인생

기적의 인생
최고의 인생
극치의 인생
신바람 인생

꿈의 인생
기이하고 놀라운 인생
황홀하고 찬란하고 눈부신 인생
경이로운 인생

감동, 감사, 감격의 인생
기도, 기대감, 기적의 인생

설렘의 인생
신나고 멋진 인생
축복 통로의 인생
복음 통로의 인생
행복 전파자로 사는 인생

빛의 인생
희망의 인생
주인공의 인생
파도타기 인생
순풍 가는 인생

온전한 복음의 인생
전인 치유의 인생
명품 인생
전무후무한 인생

역전의 인생

아이디어 뱅크 인생
보석 같은 인생
백만 불짜리 인생

내가 너무 힘들어 울고 있을 때 성령님은 내 인생이 이런 풍성한 인생이라고 가르쳐 주셨습니다. 당신도 혹시 너무 지쳐 길이 보이지 않나요? 성령님을 부르세요. 예수님을 찾으세요.

하나님께 항복하세요. 그분께 항복하면 길이 보입니다.

하나님은 지금 당신이 항복하기를 기다리고 계십니다. 나를 만나주신 그 하나님이 당신을 만나 주실 것입니다. 당신을…….

"하나님이 세상을 이처럼 사랑하사 독생자를 주셨으니 이는 그를 믿는 자마다 멸망하지 않고 영생을 얻게 하려 하심이라."(요 3:16)

하나님은 당신을 한없이 사랑하십니다.

하나님은 당신을 위해 독생자를 주셨습니다.

하나님은 당신이 예수님을 믿고 구원 받기를 원하십니다.

하나님은 당신이 멸망하지 않게 하십니다.

하나님은 당신에게 영생을 주십니다.

당신은 행복한 사람입니다.

당신을 축복합니다.

성령님, 어떻게 할까요?

초판 1쇄 인쇄 | 2020년 12월 15일
초판 1쇄 발행 | 2020년 12월 20일

지은이 | 김열방 김사라 박경애

발행인 | 김사라
발행처 | 날개미디어
등록일 | 2005년 6월 9일, 제2005-44호
주소 | 서울특별시 송파구 백제고분로9길 6(잠실동, A동 3층)
전화 | 02)416-7869
메일 | wgec21@daum.net

ISBN : 978-89-91752-81-8. 03230

책값 20,000원